Christoph Pfeiffer

Einführung in die Rückversicherung

Das Standardwerk für Theorie und Praxis

5. Auflage
Bearbeitet von Jan von der Thüsen

GABLER

CIP-Titelaufnahme der Deutschen Bibliothek

Pfeiffer, Christoph:
Einführung in die Rückversicherung : das Standardwerk für
Theorie und Praxis / Christoph Pfeiffer. – 5. Aufl. bearb. von Jan
von der Thüsen. – Wiesbaden : Gabler, 1999
  (Gabler Versicherung)
  ISBN 3-409-55525-0

1. Auflage 1975
2. Auflage 1976
3. Auflage 1986
4. Auflage 1994
5. Auflage 1999

Alle Rechte vorbehalten
© Betriebswirtschaftlicher Verlag Dr. Th. Gabler GmbH, Wiesbaden 1999
Lektorat: Sandra Käfer / Maria Kooyman

Der Gabler Verlag ist ein Unternehmen der Bertelsmann Fachinformation GmbH.

http://www.gabler-online.de

Höchste inhaltliche und technische Qualität unserer Produkte ist unser Ziel. Bei der Produktion und
Verbreitung unserer Bücher wollen wir die Umwelt schonen: Dieses Buch ist auf säurefreiem und
chlorarm gebleichtem Papier gedruckt. Die Einschweißfolie besteht aus Polyäthylen und damit aus
organischen Grundstoffen, die weder bei der Herstellung noch bei der Verbrennung Schadstoffe
freisetzen.

Die Wiedergabe von Gebrauchsnamen, Handelsnamen, Warenbezeichnungen usw. in diesem Werk
berechtigt auch ohne besondere Kennzeichnung nicht zu der Annahme, daß solche Namen im Sinne
der Warenzeichen- und Markenschutz-Gesetzgebung als frei zu betrachten wären und daher von
jedermann benutzt werden dürften.

Satz: ITS Text und Satz GmbH, Herford
Druck: Lengericher Handelsdruckerei, Lengerich/Westfalen
Printed in Germany

ISBN 3-409-55525-0

Vorwort zur fünften Auflage

Seit über 20 Jahren ist dieses Buch ein weit verbreiteter Leitfaden, der in konzentrierter und übersichtlicher Form grundlegende Kenntnisse über Technik und Wesen der Rückversicherung vermittelt.

In bewährter Weise wird das Instrumentarium, dessen sich die Rückversicherer in ihrer täglichen Praxis bedienen, anschaulich erläutert. So hat der Leser die Möglichkeit, die Anwendung der Rückversicherungstechnik selbst nachzuvollziehen oder wenigstens kritisch zu beurteilen. Ergänzende Ausführungen zur Betriebsorganisation und zu den Serviceleistungen runden die Darstellung ab.

Bewußt wird darauf verzichtet, alle Aspekte und besonderen Ausprägungen der Rückversicherung zu erfassen. Dies muß aufgrund der ungewöhnlichen Vielfalt und Internationalität dieses komplexen Versicherungsgeschäfts vertiefender Literatur vorbehalten bleiben.

Wie in der Vorauflage wird wiederholt und eingehend auf die deutsche Praxis verwiesen, die bei der auch heute noch bestehenden Weltgeltung des deutschen professionellen Rückversicherungsgeschäfts maßgeblichen Einfluß auf die Gestaltung und Arbeitsweise dieses Wirtschaftszweiges hat.

Ebenso bewährt hat sich der Abdruck des Wortlauts eines proportionalen und eines nichtproportionalen Rückversicherungsvertrages, wie er von der Kölnischen Rückversicherungs-Gesellschaft AG zur Zeit verwendet wird, indem auf diese Weise die vertraglichen Beziehungen zwischen Erst- und Rückversicherern konkretisiert werden.

Die Vorauflage wurde eingehend durchgesehen, redaktionell verbessert und aktualisiert, so daß die Ausführungen nun wieder dem derzeitigen Stand der Rückversicherungspraxis entsprechen.

Für die Unterstützung bei den genannten Tätigkeiten möchte ich mich bei Herrn Jan von der Thüsen und seiner Frau Christine sowie bei Frau Gaby Ziemann sehr herzlich bedanken.

Köln, im September 1998 Dr. Christoph Pfeiffer

Vorwort zur vierten Auflage

Dieses Buch will in konzentrierter und übersichtlicher Form in ein gelegentlich kompliziert anmutendes Wissensgebiet, die Technik und das Wesen der Rückversicherung, einführen.

Sinn dieser Einführung konnte es nicht sein, alle Aspekte und besonderen Ausprägungen der Rückversicherung in ihren zahlreichen, sich wandelnden Formen zu erfassen, geschweige denn eingehend zu erörtern. Ihr Zweck wäre vielmehr erreicht, wenn es gelungen wäre, das Instrumentarium, dessen sich die Rückversicherer in ihrer täglichen Praxis bedienen, so anschaulich darzustellen, daß dem Leser dabei geholfen wird, es entweder selbst zu handhaben oder wenigstens die rationelle Anwendung der Rückversicherungstechnik im Einzelfall kritisch zu beurteilen. Die reichhaltige deutsche und fremdsprachige Fachliteratur ist zur Vertiefung der Kenntnisse von Wesen und Formen der Rückversicherung unentbehrlich.

Neben der Technik werden der Betriebsorganisation und den Serviceleistungen von Rückversicherungsgesellschaften kurze Ausführungen gewidmet.

Der Text wurde insoweit überarbeitet, als dies wegen neuerer Entwicklungen geboten erschien. Zugleich wurde der internationale Charakter der Rückversicherung stärker als in früheren Auflagen hervorgehoben. Erheblich zugenommen haben Anzahl und Größe der Schäden, die durch Naturereignisse verursacht wurden, wie Erdbeben, schwere Stürme oder Überschwemmungen. Ausführlicher zu behandeln waren daher die Erfassung des Haftungspotentials aus solchen Risiken durch die Erstversicherer sowie die dafür angemessenen Rückversicherungsmaßnahmen.

Auch in der nun vorgelegten 4. Auflage wird wiederholt und eingehend auf die deutsche Praxis verwiesen. Sie besitzt bei der Weltgeltung der deutschen professionellen Rückversicherer und ihrem hohen Anteil am gesamten internationalen Rückversicherungsgeschäft wie früher so auch heute erheblichen Einfluß auf die Gestaltung und Arbeitsweise dieses Wirtschaftszweiges.

Dem besseren Verständnis der vertraglichen Beziehungen zwischen Erst- und Rückversicherern soll es dienen, wenn dieser Auflage der Wortlaut eines proportionalen und eines nicht-proportionalen Rückversicherungsvertrages angefügt wird, wie er von der Kölnischen Rückversicherungs-Gesellsehaft AG zur Zeit verwendet wird. Herr Dr. Gerd Hofmann, Vorstandsmitglied der Kölnischen Rückversicherungs-Gesellsehaft AG und Herr Jan von der Thüsen, Abteilungsdirektor der Gesellschaft, haben bei der Aktualisierung und Ergänzung der ,,Einführung" maßgebend mitgewirkt, dabei für die jeweiligen Fachgebiete unterstützt von den Herren Bieck, Dr. W. Hoffman, Kallweit, Kolle, Dr. Lörper, Plangemann und Dr. Reimers-Rawcliffe. Frau Albrecht hat den überarbeiteten Text für ein zeitgemäßes Druckverfahren vorbereitet.

Ihnen allen danke ich für ihre wertvolle, sachkundige Mitarbeit.

Köln, im Februar 1994   Dr. Christoph Pfeiffer

Inhalt

1. Grundsätzliches

1.1 Einleitung

Wenn seit Beginn des vorigen Jahrhunderts der ständig wachsenden Nachfrage nach Versicherungsschutz durch ein immer umfangreicheres und differenzierteres Angebot entsprochen werden konnte, so hat zu dieser Entwicklung die Rückversicherung wesentlich beigetragen. Diese „Versicherung der Versicherer" schuf durch ihre besondere Technik die Voraussetzungen dafür, daß die einzelnen Erstversicherer ständig steigende Versicherungssummen zeichnen und neue, noch unbekannte Risiken, wie sie die technische Entwicklung mit sich brachte, ohne Gefährdung ihrer Existenz übernehmen konnten.

Die Rückversicherer, deren Geschäft sich entsprechend demjenigen der Erstversicherer kräftig entwickelte, erweiterten ihr Arbeitsgebiet auf fast alle Länder und Versicherungszweige und konnten damit ihren Aufgaben der Risikoübernahme und der Risikoverteilung immer besser gerecht werden. Daneben beraten große Rückversicherungsgesellschaften ihre Partner in zahlreichen versicherungstechnischen Fragen, was in neuerer Zeit zunehmende Bedeutung gewonnen hat. Die Rückversicherung hat internationalen Charakter, weil sie erfolgreich und in größerem Umfang nicht in einem Land allein betrieben werden kann. Die folgende Darstellung versucht daher, diesen internationalen Aspekt zu verdeutlichen; sofern Beispiele aus der deutschen Praxis herangezogen werden, kann davon ausgegangen werden, daß sie stets zugleich auch auf international gültigen Grundprinzipien beruhen.

1.2 Begriffsbestimmung der Rückversicherung

1.2.1 Allgemeines

Die Rückversicherung ist ein selbständiger Versicherungszweig. Sie ist stets Schadenversicherung. Sie schützt den Erstversicherer (Zedenten) gegen Vermögenseinbußen, die er infolge des Eintritts seiner Leistungspflicht aus den von ihm abgeschlossenen Versicherungspolicen erleiden würde, wenn er sich nicht durch Rückversicherung gedeckt hätte.

Der Umfang dieses Schutzes wird im Einzelfall durch den Inhalt des Rückversicherungsvertrages sowie durch den ergänzend zu beachtenden, mangels hinreichender gesetzlicher Normen besonders bedeutsamen Rückversicherungsbrauch bestimmt. Dabei herrscht vollständige Vertragsfreiheit, die es erlaubt, den jeweils benötigten Rückversicherungsschutz den besonderen Bedürfnissen des Erstversicherers elastisch anzupassen und in die jeweils zweckmäßigste Vertragsform zu gießen.

Vom Erstversicherer her gesehen dient die Rückversicherung im wesentlichen dazu, die Zeichnungskapazität zu erhöhen. Sie gibt ihm die Möglichkeit, Wagnisse zu versichern, die sonst wegen ihrer Höhe oder wegen ihrer Gefährlichkeit seine finanzielle und wirtschaftliche Kraft übersteigen würden. So kann mit Hilfe der Rückversicherer der notwendige Ausgleich innerhalb des vom Erstversicherer gezeichneten Geschäftes hergestellt werden, der in dreifacher Weise ständig bedroht ist:

- Zufallsrisiko:
  - zufällige Schwankungen des Schadenverlaufs;
  - Katastrophen können überdurchschnittlich hohe Schäden herbeiführen, insbesondere wenn der Versicherer aus zahlreichen Versicherungsverträgen haftet, die durch ein Ereignis betroffen werden (Kumul).

- Änderungsrisiko:
  - Geldwertschwankungen können Preise und Löhne ändern und als Folge davon starke Abweichungen vom angenommenen Schadenverlauf verursachen;
  - Neue technische Entwicklungen können die Ausgangsvoraussetzungen für die Tarifkalkulation hinfällig werden lassen.

- Irrtumsrisiko:
  - Falsche Annahmen bei der Prämienkalkulation (zum Beispiel: Interpretationsfehler bei Statistiken).

Es gehört zu den wichtigsten Aufgaben jedes Versicherungsunternehmens, diese Gefahren rechtzeitig zu erkennen und die geeignete Rückversicherungsform zu finden, um sich gegen die Auswirkungen zu schützen. Bei dieser Aufgabe fällt den Rückversicherern die verantwortliche Rolle von sachverständigen und objektiven Beratern zu. Nicht selten ist die optimale Gestaltung der Rückversicherung von entscheidendem Einfluß darauf, ob und in welchem Ausmaß ein Erstversicherer seine Prämieneinnahmen in den einzelnen Versicherungszweigen vergrößern kann und welche Ergebnisse er für seine eigene Rechnung erzielt.

1.2.2 Definition und Abgrenzung zur primären Risikoteilung

Die Definition der Rückversicherung bleibt seit mindestens zwei Jahrhunderten praktisch die gleiche. Die europäischen Versicherungsgesetze enthalten oft knappe Begriffsbestimmungen, und auch die Literatur enthält zahlreiche ausführlichere Definitionen. Zum Beispiel nimmt das deutsche Handelsgesetzbuch (HGB) in § 779 im Zusammenhang mit den in der Seeversicherung zugelassenen Versicherungsarten Bezug auf „die von dem Versicherer übernommene Gefahr (Rückversicherung)", aber weder HGB noch das deutsche Versicherungsvertragsgesetz (VVG) definieren ausdrücklich die Rückversicherung selbst. In den Ländern des Common Law wird die Rückversicherung in der Rechtsprechung definiert und zwar meistens als ein Versicherungsvertrag, wobei der Rückversicherer sich verpflichtet, dem Zedenten Schäden zu erstatten, die der Zedent seinerseits dem Versicherungsnehmer entschädigt hat. 1807 stellte ein englisches Gericht die klassische Legaldefinition im Fall Delver gegen Barnes, 1 Taunt 48, auf (die Rückversicherung ist „eine weitere Versicherung, durch eine neue Police abgeschlossen, für dasselbe Risiko, das davor versichert worden war, um den Versicherer zu entschädigen"). Diese Definition ist in kaum abgeänderter Form vom California Supreme Court (USA) bestätigt worden, und zwar im Fall Prudential Reinsurance Co. gegen Superior Court, 3 Cal. 4th 1118 (1992) („Ein Rückversicherungsvertrag ist ein Vertrag, nach dem der Rückversicherer den Zedenten für bezahlte Schäden entschädigt"). Dieser knappen Begriffsbestimmung und zahlreichen weiteren ausführlichen Definitionen in der Literatur ist gemeinsam, daß

- die Rückversicherung echte Versicherung ist und nicht etwa, wie früher gelegentlich angenommen, ein Gesellschaftsvertrag;

- die vom Erstversicherer getragene Gefahr, das sogenannte Originalrisiko, auch den wesentlichen Gegenstand des Rückversicherungsvertrages bildet, der allerdings noch andere Gefahrenelemente enthalten kann, wie zum Beispiel Währungs- und Transferrisiken;

- Vertragspartner nur ein anderer Versicherer sein kann. Rechtsbeziehungen zwischen dem Rückversicherer und den Versicherungsnehmern bestehen grundsätzlich nicht, und hierdurch unterscheidet sich die Rückversicherung von der Mitversicherung. Ausnahmefälle kommen jedoch vor, wenn der Rückversicherer vereinbart oder sich auf andere Weise verpflichtet, die dem Zedenten gebührende Entschädigung direkt an den Versicherungsnehmer zu leisten. Ein Beispiel dessen ist die sogenannte Cut-through-Klausel, die eine solche direkte Zahlung für den Fall der Insolvenz des Zedenten vorsieht.

Bei der Mitversicherung oder primären Risikoteilung gewähren mehrere Erstversicherer gemeinsam in einem Versicherungsschein als Mitzeichner den Versicherungsschutz. Jeder Mitversicherer haftet dem Versicherungsnehmer gegenüber unmittelbar nur für seinen Anteil und überträgt meist lediglich gewisse Geschäftsführungsbefugnisse der führenden Versicherungsgesellschaft, die in der Regel bevollmächtigt wird, Anzeigen und Willenserklärungen des Versicherungsnehmers für alle beteiligten Versicherer entgegenzunehmen und die Prämien einzuziehen. Diese üblicherweise erfolgende Bevollmächtigung der „Führenden" ändert aber nichts daran, daß unmittelbare Rechtsbeziehungen zwischen jedem einzelnen Mitversicherer und dem Versicherungsnehmer bestehen.

Die sekundäre Risikoteilung, die Rückversicherung, tritt dagegen dem Versicherungsnehmer gegenüber nicht hervor. Sie erfolgt gleichsam auf einer zweiten Stufe und vollzieht sich intern zwischen dem Erstversicherer (Zedent) und einem oder mehreren Rückversicherern. Sie begründet, wie oben erwähnt, keinerlei Rechtsbeziehungen zwischen Versicherungsnehmer und Rückversicherer.

In ihrer wirtschaftlichen Bedeutung übertrifft die Rückversicherung die Mitversicherung bei weitem, so unentbehrlich diese auch bei einzelnen Großrisiken seit jeher gewesen ist.

1.3 Die Anbieter von Rückversicherungsschutz

1.3.1 Der professionelle Rückversicherer

Beim professionellen oder spezialisierten Rückversicherer handelt es sich um ein Versicherungsunternehmen, dessen geschäftliche Aktivitäten sich allein auf die Rückversicherung beschränken, d.h. ein solches Unternehmen betreibt keine Erstversicherung und besitzt folglich auch keine direkten wirtschaftlichen Kontakte zum Versicherungsnehmer. Ein professioneller Rückversicherer kann grundsätzlich in allen von Erstversicherern betriebenen Versicherungszweigen Schutz gewähren, für die verschiedenen Arten beispielsweise der Sach- und HUK-Versicherung also ebenso wie etwa für Lebens-, Kranken- und Kreditversicherungen. Der Grundsatz der Spartentrennung gilt nur in wenigen Ausnahmefällen, zum Beispiel (mit Einschränkungen) in den USA. Professionelle Rückversicherer haben zumeist die Rechtsform der Aktiengesellschaft.

1.3.2 Der Erstversicherer als Rückversicherer

Während es zur Zeit insgesamt etwa 250 professionelle Rückversicherer gibt, davon über 100 in Europa und 35 in der Bundesrepublik Deutschland, wird die Rückversicherung auch von einer Anzahl von Erstversicherern betrieben. Dieses sogenannte indirekte Geschäft der Erstversicherer wird in deren Geschäftsberichten meist nicht getrennt ausgewiesen. In Deutschland aber beispielsweise entfielen in 1996 knapp 9 % der damals 57,5 Mrd. DEM betragenden gesamten Rückversicherungsprämie des Landes auf dieses indirekte (in- und ausländische) Geschäft. Der weitaus größere Teil des gedeckten Rückversicherungsgeschäftes fließt an professionelle Rückversicherungsgesellschaften. Ursächlich dafür ist auch, daß von ihnen keine Konkurrenz auf den Erstversicherungsmärkten ausgehen kann.

Nach dem Umfang des übernommenen Rückversicherungsgeschäftes lassen sich bei den Erstversicherern zwei Gruppen von Unternehmen unterscheiden:

Die wesentlich stärkere Gruppe übernimmt Rückversicherungen nur gelegentlich, nur in einzelnen Branchen und meist nur in Form von Austauschverträgen. Daneben gibt es aber auch Erstversicherer, die systematisch auf dem Rückversicherungsmarkt als Anbieter auftreten. Diese Gruppe verselbständigt gelegentlich ihre ursprünglich in das Gesamtunternehmen eingegliederten Rückversicherungsabteilungen zu Tochtergesellschaften, die dann wie ein professioneller Rückversicherer am Markt auftreten. Sie vermögen sich dabei auf die Finanzkraft der Muttergesellschaft zu stützen. Eine derartige finanzielle Unterstützung ist besonders in der Anfangszeit in beträchtlichem Umfang erforderlich und wird manchmal dergestalt geleistet, daß die Muttergesellschaft ihre eigenen Rückversicherungsabgaben zu günstigeren als den marktgerechten Bedingungen der Rückversicherungs-Tochtergesellschaft zuführt.

Die Gründe, die Erstversicherer veranlassen, sich auch auf einem Gebiet zu betätigen, auf dem sie den spezialisierten reinen Rückversicherungsgesellschaften unterlegen sein müssen, sind vielfältiger Art und können hier nicht näher erörtert werden. Der Umfang des von Erstversicherern angebotenen Rückversicherungsschutzes schwankt sehr stark je nach dem Verlauf des von ihnen übernommenen Geschäftes und der jeweiligen Marktlage. Da das Rückversicherungsgeschäft wesentlich schwankungsanfälliger ist und häufig auch über längere Zeitabschnitte Verluste bringt, sind Erstversicherer geneigt, sich unter Umständen rasch aus dem Rückversicherungsgeschäft zurückzuziehen und sich wieder ausschließlich ihrem direkten Geschäft zu widmen, wenn sich ihre in das Rückversicherungsgeschäft gesetzten Erwartungen nicht erfüllen.

1.3.3 Der Rückversicherungsmakler

Der Aufschwung des indirekten Geschäftes zahlreicher Erstversicherer wäre ohne die Tätigkeit der Rückversicherungsmakler nicht vorstellbar. Während die professionellen Rückversicherer dergestalt organisiert sind, daß sie grundsätzlich selbst Beziehungen zu ihren Zedenten herstellen und aufrechterhalten, sei es unmittelbar vom Sitz ihres Unternehmens aus, sei es durch Vertretungen im Ausland oder dort errichtete Tochtergesellschaften, fehlt den gemischten, als Erst- und Rückversicherer arbeitenden Unternehmen meist eine solche Organisation. Deshalb sind sie in hohem Maße auf Vermittler angewiesen, die ihnen Angebote von Rückversicherungsverträgen unterbreiten. Doch werden in der Praxis Maklerangebote auch von professionellen Rückversicherern geprüft und oft angenommen. Dies gilt besonders für Auslandsgeschäfte dann, wenn der Zedent mit der Plazierung seiner Rückversicherungsverträge ausschließlich einen Makler betraut hat.

Die Tätigkeit des Rückversicherungsmaklers, der häufig – zumal in London und an anderen Seeplätzen – zugleich als Direktmakler Versicherungspolicen zwischen Erstversicherern und Versicherungsnehmern vermittelt, setzt ein hohes Maß von Verantwortungsbewußtsein voraus.

Gerade Erstversicherer, welche die notwendigen Spezialkenntnisse der Versicherungsmärkte in aller Welt und der sich ständig entwickelnden Rückversicherungstechnik nicht besitzen können, müssen sich auf eine sachverständige Beratung durch Makler verlassen können. Allerdings hat die Erfahrung gezeigt, daß diese Voraussetzung nicht immer gegeben ist und daß das Interesse des Vermittlers an der Courtage unter Umständen stärker sein kann als sein Bestreben, durch Vermittlung gewinnhaltigen Geschäftes dauerhafte Beziehungen zwischen seinen Geschäftspartnern herzustellen. Auch darf nicht übersehen werden, daß der Rückversicherungsmakler zwar sein Entgelt vom Rückversicherer erhält, aber doch oft in erster Linie die Interessen des ihn beauftragenden Erstversicherers wahrt.

Die Courtagesätze für proportionale Geschäfte betragen in der Regel zwischen 1 % und 2,5 % der Rückversicherungsprämie. Bei Schadenexzedentenverträgen und fakultativem Geschäft liegen sie höher.

1.4 Rechtliche Grundlagen der Rückversicherung

1.4.1 Allgemeines

Im Gegensatz zur Erstversicherung fehlt der Rückversicherung in nahezu allen Ländern das feste Gerüst allgemeiner Versicherungsbedingungen und gesetzlicher Spezialvorschriften, wie sie etwa in Deutschland das VVG enthält. Die Quellen des Rückversicherungsrechts fließen zwar nicht gerade im Verborgenen, aber doch an meist schwer zugänglichen Stellen, so in Rückversicherungsverträgen, die oft als Geschäftsgeheimnis sorgfältig gehütet werden, in nur selten veröffentlichten Schiedsgerichtsurteilen und in dem Außenstehenden schwer zugänglichen Rückversicherungsbrauch, einem Gewohnheitsrecht der Rückversicherung, das seinerseits von der Geschäftstechnik stark beeinflußt ist und in besonders ausgeprägtem Maße dem Grundsatz der Billigkeit und der Berücksichtigung von Treu und Glauben unterworfen ist.

Dieses Gewohnheitsrecht wird durch branchenübliche Praxis und die auf den Märkten als Norm geltenden Verhaltensweisen bestimmt. Aus diesem Grund läßt sich der Rückversicherungsbrauch als Rechtsquelle für die ordentlichen Gerichte meistens nur mit Hilfe von Marktexperten feststellen, weswegen auch das Schiedsgerichtsverfahren bevorzugt wird, das in Abschnitt 3.2.4 behandelt wird.

Es weist entsprechend dem internationalen Charakter der Rückversicherung viele übereinstimmende Züge bei allerdings gelegentlich bedeutsamen Abweichungen im Einzelfall auf, zum Beispiel hinsichtlich Fragen der Kulanzzahlungen und der sogenannten Folgepflicht des Rückversicherers.

1.4.2 Rückversicherungsrecht

Versicherungsvertragsgesetz

Die Versicherungsvertragsgesetze fast aller Länder beschränken sich entweder darauf, festzulegen, daß sie keine Anwendung auf die Rückversicherung finden (so zum Beispiel § 186 des deutschen VVG oder Art. 101 des schweizerischen VVG), oder sie erklären die Rückversicherung meist ohne nähere Einzelvorschriften für zulässig, dies entweder allgemein oder nur im Zusammenhang mit der Seeversicherung.

In einigen wenigen Ländern wird die Rückversicherung durch allgemeine Vorschriften geregelt (so zum Beispiel durch den California Insurance Code §§ 620–623). In anderen Ländern findet das Versicherungsrecht direkte Anwendung auf die fakultative Rückversicherung (ein bekanntes Beispiel hierfür sind die auf die fakultative Seerückversicherung anwendbaren Vorschriften des englischen Marine Insurance Act 1906). Die obligatorische Rückversicherung wird dagegen meist vom Rückversicherungsbrauch bestimmt und wird nicht direkt vom Versicherungsrecht geregelt.

Es läßt sich also sagen, daß die Grundsätze des Versicherungsvertragsrechts im Einzelfall auf die Rückversicherung angewandt werden können, sofern diese Grundsätze so allgemeiner Natur sind, daß sie auch für den Rückversicherungsvertrag als Versicherungsvertrag Gültigkeit beanspruchen können. Sonst geht die Praxis dahin, daß nicht die gesetzlichen Vorschriften der Erstversicherung analog angewendet werden können, sondern daß der oben erwähnte Rückversicherungsbrauch maßgebend ist.

Rechtsprechung

In den kontinentalen Ländern Europas ist die Rechtsprechung der ordentlichen Gerichte für die Erkenntnis des Rückversicherungsrechts wenig ergiebig. Eine Zusammenstellung meist älterer deutscher Urteile findet sich bei *Prölss-Martin*, Kommentar zum VVG, Anm. 4 zu § 186 (1992). Die Bevorzugung der Schiedsgerichtsbarkeit gilt ebenso für die Länder des Common Law wie für das europäische Festland, aber mit Hinblick auf England und die USA muß hinzugefügt werden, daß dort auch die Gerichtsentscheidungen zu den wichtigsten Quellen des Rückversicherungsrechts zählen. Heutzutage prägen die ordentlichen Gerichte der anglo-amerikanischen Welt in zunehmendem Maße die Fortentwicklung des Rückversicherungsrechts durch die Vielzahl ihrer veröffentlichten Entscheidungen in Rückversicherungssachen. Diese Rechtsprechung ist, im Gegensatz zum kontinentalen Rückversicherungsrecht, leicht zugänglich. Sie kann entweder mit den üblichen Suchmethoden ausfindig gemacht oder in besonderen dem Rückversicherungsrecht gewidmeten Veröffentlichungen gefunden werden. Die bekannteste Abhandlung über die englische Rechtsprechung zum Thema „Rückversicherung" ist die Loseblattsammlung von *Butler* and *Merkin*, Reinsurance Law (1993).

Rückversicherungsvertrag

Die Rückversicherungsverträge bilden die eigentliche Grundlage für die rechtliche Gestaltung der Beziehungen zwischen Erstversicherer und Rückversicherer. Zwar bedürfen ihre oft in der Fachsprache kurzgefaßten Bestimmungen fast stets der Ergänzung und Ausfüllung durch den Rückversicherungsbrauch, der sich in vielen Jahrzehnten enger internationaler Rückversicherungsverflechtung herausgebildet hat. Die jeweils auf die besonderen Bedürfnisse des Zedenten zugeschnittenen Vertragsbedingungen, die in der Regel in voller Freiheit von den Parteien ausgehandelt werden können, zeigen aber meist mit hinreichender Klarheit, was gewollt ist und rechtlich bindende Kraft besitzen soll.

Allgemeine, den Inhalt von Rückversicherungsverträgen bestimmende Normen haben sich trotz mancher Vereinheitlichungsbestrebungen ebensowenig wie Musterformulare durchsetzen können. Das Vertragsrecht der Rückversicherung befindet sich vielmehr in ständiger Entwicklung und Anpassung an die jeweiligen, sich unter Umständen schnell ändernden Bedürfnisse der Versicherungsmärkte. Der Leser findet Beispiele zu proportionalen und nicht-proportionalen Verträgen aus heutiger Sicht im Anhang dieses Buches.

1.5 Die historische Entwicklung der Rückversicherung

1.5.1 Die Zeit bis zum Ersten Weltkrieg

Mit der sich im ausgehenden Mittelalter aus dem Seedarlehen entwickelten sogenannten Erwerbsversicherung trat alsbald auch das Bedürfnis nach Rückversicherung auf und ist seither ständig gewachsen, allerdings zunächst nahezu ausschließlich in der Transportversicherung.

Der älteste bekannte Vertrag mit juristischen Merkmalen eines Rückversicherungsvertrages ist im Jahre 1370 in Genua zwischen zwei Einzelkaufleuten als Rückversicherern und einem dritten Kaufmann als Vertreter eines Erstversicherers abgeschlossen worden. Er betraf die Versicherung von Waren, die von Genua nach Brügge verschifft wurden, einen Einzelfall also, der wirtschaftlich gesehen noch als reine Spekulation erscheint. Mit den zunehmenden Handelsbeziehungen aber und der kräftigen Entwicklung der in den italienischen Stadtstaaten, in Flandern und den Hansestädten entstandenen neuen Wirtschaftsgesinnung gewann auch die Rückversicherung wachsende Bedeutung.

Spekulative Auswüchse, zumal sogenannte Prämiendifferenzgeschäfte – Erstversicherer rückversicherten zu Prämien, die wesentlich unter den von ihnen für das Risiko vereinnahmten Originalprämien lagen – führten allerdings zu Rückschlägen, so zum Beispiel zu dem von 1746 bis 1864 währenden Verbot der Seerückversicherung in England, das um so merkwürdiger berührt, als England sich gerade in dieser Zeitspanne zum führenden Weltversicherungsmarkt entwickelte. Bei näherem Hinsehen allerdings zeigt sich, daß das Verbot der Rückversicherung gerade den Interessen von Lloyd's, jener einzigartigen, genossenschaftlich organisierten Zusammenfassung von Einzelversicherern, entgegenkam. Die primäre Risikoteilung von Lloyd's, die zunächst stets nur als Mitversicherer auftraten – heute stellen sie auch einen bedeutenden Rückversicherungsmarkt dar –, konnte sich aufgrund des Verbotes in England zur beherrschenden Aufteilungsform auch großer Risiken entwickeln.

Im Gegensatz zum englischen Verbot der Rückversicherung (1746–1864) gedieh die Rückversicherung während derselben Zeit auf dem europäischen Kontinent und in anderen Ländern. Selbst in den USA, wo die Gerichte es ablehnten, das betreffende englische Gesetz als Teil des in den USA rezipierten Common Law anzusehen, konnte sich die Rückversicherung sehr stark fortentwickeln. Es ist interessant, daß amerikanische Richter des frühen 19. Jahrhunderts auf Prinzipien der französischen Rückversicherungspraxis zurückgriffen, die in den noch vor 1800 veröffentlichten Abhandlungen (Pothier, D'Assurance und Emérigon, Traité des Assurances) dargestellt waren und dadurch die französische Rechtsprechung als Rechtsquelle für die amerikanische Rückversicherungspraxis adoptierten.

Auf dem europäischen Kontinent trat schon bald nach der Gründung der ersten Versicherungsaktiengesellschaften ein Bedürfnis nach Rückversicherung in der Feuerbranche auf, während bis dahin praktisch nur Seetransportrisiken rückversichert worden waren. Während sich einerseits die Mitversicherung von Feuerrisiken wesentlich schwerer bewerkstelligen ließ als in der Transportversicherung, fehlte es doch hier an einer börsenähnlichen lokalen Marktorganisation, wie sie für Transportrisiken an den bedeutenden Hafenplätzen bestand, so machten andererseits die ständig steigenden Versicherungswerte eine Risikoaufteilung besonders notwendig. Auch war der Konkurrenzkampf zwischen den jungen, sich kräftig entwickelnden Gesellschaften sehr stark, so daß diese alle Veranlassung hatten, genau darüber zu wachen, daß der Mitbewerber nicht über die Mitversicherung größerer Risiken allzu genaue Einblicke in das eigene Geschäft erhielt.

Die mit dem Aufbau von Industrien in Europa einsetzende immer stärkere Nachfrage nach Rückversicherungsschutz wurde zunächst zu Anfang des 19. Jahrhunderts von einigen finanzkräftigen Erstversicherern befriedigt, wobei diejenigen bevorzugt herangezogen wurden, die in anderen Gebieten oder im Ausland ansässig waren. Der Vereinfachung diente es, wenn an die Stelle von fakultativen Einzelrückversicherungen neuartige Rückversicherungsverträge traten, die für ganze Versicherungsbestände oder Teilen davon Deckung gewährten. Der älteste derartige Vertrag datiert aus dem Jahre 1821.

Bald zeigte es sich, daß die mit anderen Erstversicherern abgeschlossenen Rückversicherungsverträge dem ständig steigenden Bedürfnis nach Rückversicherungsschutz nicht mehr genügten. Im Zuge dieser Entwicklung kam es im Jahre 1846 zur Gründung einer unabhängigen und nur die Rückversicherung betreibenden Gesellschaft in Köln, der Kölnischen Rückversicherungs-Gesellschaft, die nach Überwindung zahlreicher Schwierigkeiten und dem Abklingen der politischen Wirren der Jahre 1848/49 im Jahre 1852 ihre Tätigkeit aufnehmen konnte.

Zum ersten Mal begann damit eine spezialisierte Gesellschaft Rückversicherung zu gewähren, ein Ereignis von weittragenden Folgen für den Betrieb und die Technik der Versicherungswirtschaft. Neue zusätzliche Deckungskapazitäten wurden bereitgestellt. Es bestand kein Grund mehr für die Befürchtung, daß der bei übernommenen Rückversicherungen gewonnene Einblick zum Wettbewerb im direkten Geschäft mißbraucht werden würde oder daß die abgegebene Rückversicherungsprämie zum mindesten optisch eine im direkten Geschäft konkurrierende Gesellschaft stärken könnte. Die Spezialisierung erlaubte es, den Bedürfnissen der Zedenten in einer dem Einzelfall besser angepaßten Form zu entsprechen. Der mit der Geschäftsausdehnung auf alle Versicherungszweige und auch viele ausländische Geschäftsgebiete erheblich verbesserte Ausgleich und die zugleich gewonnenen Erfahrungen verbesserten den Rückversicherungsschutz und damit mittelbar auch die Bedingungen, welche die Erstversicherer ihren Kunden gewähren konnten.

In den folgenden Jahrzehnten wurden weitere unabhängige, spezialisierte Rückversicherungsgesellschaften gegründet, für die sich im übrigen international die Bezeichnung ,,professionelle Rückversicherer" durchgesetzt hat. Große Bedeutung erlangten die Münchener Rückversicherungs-Gesellschaft und die Schweizerische Rückversicherungs-Gesellschaft. Ferner wurden sogenannte Hausrückversicherungsgesellschaften errichtet, deren Aktienkapital voll oder überwiegend bei der gründenden Erstversicherungsgesellschaft lag, die ihre Rückversicherungsabgaben teilweise oder ganz über sie leitete.

Mit der steigenden Industrialisierung, der engen volkswirtschaftlichen Verflechtung und der Entwicklung neuer Versicherungsarten (Unfall-, Haftpflicht-, Kraftfahrt-, Maschinenversicherung) nahmen auch die Rückversicherungsgesellschaften einen bedeutenden Aufschwung.

Zu Beginn des Ersten Weltkrieges hatten die deutschen Rückversicherer eine führende Position in der Welt erlangt, dies dank einer immer mehr verfeinerten Rückversicherungstechnik und einer sorgfältigen und soliden Geschäftsführung.

1.5.2 Die Zeit bis zur Gegenwart

Nach dem Ersten Weltkrieg mußten die deutschen Rückversicherer, von ihren Auslandsbeziehungen abgeschnitten und durch die Entwertung ihrer Vermögensanlagen schwer getroffen, ihr Geschäft in wesentlich verschlechterter Wettbewerbslage wieder neu aufbauen. Inzwischen war besonders die Schweizerische Rückversicherungs-Gesellschaft mit mehreren ausländischen Tochtergesellschaften zu einem sehr großen Unternehmen herangewachsen, und auch auf anderen Märkten hatten sich spezialisierte Rückversicherungsgesellschaften gebildet. Die Devisenbewirtschaftung, die nach 1931 einsetzte, ferner wachsende Autarkiebestrebungen im Ausland als Folge der Devisennot und des zunehmenden Nationalismus erschwerten den Wiederaufbau erheblich; immerhin nahm die deutsche Rückversicherung aber bereits 1935 wieder eine führende Stellung in der Welt ein.

Nach dem Zweiten Weltkrieg hat die Rückversicherung tiefgreifende Wandlungen erfahren:

(1) Zunächst war die deutsche Rückversicherung wegen des Abreißens der Verbindungen zum Ausland, ab 1947 zudem noch durch das bis 1950 geltende Kontrollratsgesetz Nr. 47 betreffend das Verbot der Betätigung im Ausland, daran gehindert, den dringend gebotenen Ausgleich für ihr verringertes Inlandsgeschäft durch die Übernahme ausländischer Rückversicherungsverträge herzustellen und sich durch Abgabe von Retrozessionen ins Ausland zu entlasten. Seither aber konnten die Auslandsbeziehungen der deutschen Rückversicherer wieder in erheblichem Umfang angeknüpft und beträchtlich ausgebaut werden.

(2) Die unter kommunistische Herrschaft geratenen Länder hatten staatliche Versicherungseinrichtungen geschaffen, die auf Rückversicherung fast vollständig verzichteten. Dies wirkte sich für die deutschen Rückversicherer besonders stark aus, da deren Beziehungen zu den Oststaaten sehr umfangreich gewesen waren. In jüngster Zeit wächst allerdings das Geschäftsvolumen auch mit diesen Staaten wieder.

(3) In anderen Ländern entstanden staatliche Rückversicherungsmonopole (zum Beispiel in Brasilien, Peru, Uruguay und im Iran), welche die Geschäftsmöglichkeiten für andere Rückversicherer erheblich einengten und häufig auf Beziehungen zu den nationalen Monopolanstalten beschränkten. Hier hat inzwischen eine so starke Liberalisierung eingesetzt, daß von echtem Monopolcharakter kaum mehr gesprochen werden kann.

(4) Zahlreiche Erstversicherer betätigten sich zugleich als Rückversicherer und brachten erhebliche Marktanteile an sich. Obwohl das nichts grundsätzlich Neues bedeutete, hatte sich diese Entwicklung unter dem Druck der Verhältnisse in der Kriegszeit verstärkt, als die traditionellen Rückversicherungsverbindungen zum großen Teil unterbrochen wurden. Begünstigt durch die damals im allgemeinen guten Geschäftsergebnisse in der Feuer- und Transportrückversicherung hielt das Bestreben von Erstversicherungsgesellschaften an, sich Rückversicherungsabteilungen anzugliedern. In jüngster Zeit ist unter dem Eindruck sehr schlechter Ergebnisse ein Rückzug der Erstversicherer aus diesem Teilmarkt festzustellen.

(5) Das Verlangen nach sogenannter Reziprozität (Gegenüberweisungen von Rückversicherungsgeschäft), gefördert durch zunehmende Aktivität von Rückversicherungsmaklern, hatte zwar schon nach dem Ersten Weltkrieg eingesetzt, wurde aber nun in allen Zweigen, die Gewinne für den Rückversicherer erwarten ließen, immer ausgeprägter. Auch die professionellen Rückversicherer vermochten sich dem Verlangen nach Reziprozität oft nicht zu entziehen, wenn sie ihm auch stets nur zum Teil entsprechen konnten, weil ihnen bei ,,voller Reziprozität" kein gewinnverheißendes Geschäft mehr für eigene Rechnung verblieben wäre. Die Reziprozität spielt heute eine wesentlich geringere Rolle, wird sogar teilweise gar nicht mehr gewünscht.

(6) Risikoreichere Rückversicherungsvertragsformen (Schadenexzedentenverträge), die neben der Gefahr besonders hoher Schäden die Schwierigkeit einer richtigen Prämienberechnung in sich bergen, haben stark an Bedeutung gewonnen und auf manchen Gebieten die proportionalen obligatorischen Verträge zurückgedrängt, die bei höheren Rückversicherungsprämieneinnahmen einen ausgeglichenen Verlauf erwarten lassen.

(7) Die stärker als alle anderen Zweige zunehmende proportionale Kraftfahrtversicherung hat das Bestreben der deutschen Rückversicherer, ihre Versicherungsbestände möglichst vielseitig und ausgewogen auch branchenmäßig zu mischen, erheblich erschwert und ließ das dem konjunkturellen Risiko besonders ausgesetzte Kraftfahrtgeschäft zu Lasten der Sach- und Lebensrückversicherung stark ansteigen. Dieses Geschäft hat heute an Bedeutung stark verloren, statt dessen wird die nicht-proportionale Rückversicherung weltweit bevorzugt.

(8) Neben der ursprünglichen Funktion des Rückversicherers, durch Übernahme von Risiken das Portefeuille des Erstversicherers zu stabilisieren und dessen Zeichnungskapazität zu erhöhen, eröffnet sich – zumindest für die professionellen Rückversicherer – gerade in neuerer Zeit ein zusätzliches Betätigungsfeld, das meist mit ,,Service" umschrieben wird.

Zunächst handelt es sich dabei um die Sammlung und Aufbereitung von Informationen über unterschiedliche Lösungen für die weltweit meist ähnlichen Probleme im Versicherungswesen und die dabei gemachten Erfahrungen. Die Analysen der internationalen Erfahrungen werden den Zedenten heute in verstärktem Maße zur Verfügung gestellt, da viele Erstversicherer sie als sehr hilfreich für die Bewertung der im eigenen Markt zu beobachtenden Entwicklungen und der sich daraus ergebenden Konsequenzen ansehen.

Darüber hinaus haben die großen Rückversicherer in wachsendem Umfang spezialisierte Dienstleistungen übernommen, welche die Erstversicherer selbst nicht wahrnehmen können oder aus wirtschaftlichen Gründen nicht wahrnehmen wollen. Beispiele hierfür sind die Prüfung und Einschätzung von Sonderrisiken, die Beratung in der Schadenverhütung, Unterstützung bei der Schadenregulierung, die Übernahme versicherungsmathematischer Aufgaben und die Ausbildung von Zedentenmitarbeitern in den genannten Bereichen.

1.6 Die wirtschaftliche Bedeutung der deutschen professionellen Rückversicherer

Den deutschen professionellen Rückversicherern gelang es erneut, nach dem Zweiten Weltkrieg ihr Geschäftsvolumen so stark auszudehnen, daß sie wieder wesentlich zur Deckung des Rückversicherungsbedürfnisses auf allen Versicherungsmärkten der Welt beitragen.

Mit einer Bruttoprämieneinnahme von rd. 57,5 Mrd. DEM im Jahre 1996 und einer Nettoprämieneinnahme (nach Abzug der Weiterrückversicherung) von 43,8 Mrd. DEM erreichten die deutschen professionellen Rückversicherer ein größeres Volumen als diejenigen der Schweiz (11,3 Mrd. CHF bzw. 9,7 Mrd. CHF) und der Vereinigten Staaten von Amerika (netto: 18,8 Mrd. USD); sie besitzen damit einen Marktanteil, der bei ca. 34 % der von professionellen Rückversicherern in der Welt insgesamt vereinnahmten Nettoprämie liegt. Bei diesen Angaben handelt es sich zum Teil um Schätzungen.

2. Formen der Rückversicherung

2.1 Einführung

Wie die kurze Darstellung der Rückversicherung gezeigt hat, bestand zunächst keinerlei Anlaß, sich um eine systematische Erfassung von verschiedenen Rückversicherungsformen zu bemühen, da es jahrhundertelang nur die fakultative (wahlfreie, freiwillige) Rückdeckung von Einzelrisiken gab. Erst mit der kräftigen Entwicklung der Rückversicherung im 19. Jahrhundert wurden zahlreiche neue Formen ausgebildet. In der täglichen Praxis des Rückversicherers finden wir neben der fakultativen Rückversicherung, die zeitweise ziemlich bedeutungslos geworden war, heute aber wieder stärker hervortritt, die obligatorische (verpflichtende, verbindliche) Rückversicherung in der Ausprägung der Summen- (Quoten- und Exzedenten-)Rückversicherung sowie der Schadenrückversicherung mit ihren Hauptformen der Schadenexzedenten- und Jahresüberschadenrückversicherung. Die Summenrückversicherung wird in der Praxis meist als proportionale Rückversicherung, die Schadenrückversicherung als nicht-proportionale Rückversicherung bezeichnet.

Möglich wäre es, die Formen der Rückversicherung grundsätzlich in erster Linie nach proportionaler und nicht-proportionaler Rückversicherung zu unterscheiden, da sowohl die fakultative wie die obligatorische Rückversicherung in diesen beiden Ausprägungen vorkommen. In der Praxis gebräuchlicher ist aber die Zweiteilung nach fakultativer und obligatorischer Rückversicherung (auch ,,Vertrags"-Rückversicherung genannt). Deshalb sollen zunächst die Begriffe ,,fakultative Rückversicherung" und ,,obligatorische Rückversicherung" erläutert werden.

2.2 Begriffsbestimmung und wirtschaftliche Bedeutung

2.2.1 Die fakultative Rückversicherung

Normalerweise werden Handelsgeschäfte derart abgeschlossen, daß beide Vertragsparteien versuchen, den Inhalt von Leistung und Gegenleistung möglichst genau vorher im einzelnen zu bestimmen und danach ihre Bedingungen festzulegen. Diesem verständlichen Bestreben entspricht die fakultative Rückversicherung insofern am besten von allen Rückversicherungsformen, da nur bei ihr dem Rückversicherer vor Eingehen einer Verpflichtung die Möglichkeit geboten wird, sich ein genaues Bild von dem einzelnen Risiko zu machen, das er angeboten bekommt.

Fakultativ bedeutet im versicherungstechnischen Sinn ,,Entscheidung von Fall zu Fall", d.h. der Erstversicherer entscheidet nach eigener Wahl, welchem Rückversicherer er das Risiko anbietet, und der Rückversicherer entscheidet nach Abwägung aller risikorelevanten Details nach eigenem Ermessen und nach seiner Zeichnungsphilosophie, ob er sich überhaupt, und wenn ja, in welcher Höhe, an dem angebotenen Risiko beteiligen will.

Das vom Erstversicherer vorgelegte fakultative Rückversicherungsangebot soll alle wesentlichen Risikoinformationen enthalten, die den Rückversicherer in die Lage versetzen, eine konkrete Einschätzung des Risikos vorzunehmen. Hierzu gehören insbesondere:

- Name und Anschrift des Versicherungsnehmers,
- proportionale oder nicht-proportionale Rückversicherung,
- Art/Land/Ort des Risikos,
- versichertes Interesse,
- Bedingungen/gedeckte Gefahren (mit Nennung aller wesentlichen Ein- und Ausschlüsse bzw. von den Standardklauseln abweichende Vereinbarungen),
- Gesamtversicherungssumme/PML/Deckungssumme mit Angabe der Währung,
- Prämiensätze,
- Franchisen,
- Rückversicherungsprovision und sonstige Kosten,
- Beginn und Ende der fakultativen Rückversicherung,
- angebotener Anteil,
- Schadenverhütungsmaßnahmen/-einrichtungen (evtl. Vorlage des Besichtigungsberichts),
- statistischer Verlauf der Originalpolice (wenn möglich, mindestens der letzten fünf Jahre), Hinweis auf evtl. Kumulierungen mit anderen Deckungen bzw. bereits bestehenden fakultativen Rückversicherungen,
- Anteil und Selbstbehalt des Erstversicherers an der Originalpolice,
- Name des führenden Versicherers und evtl. Benennung der Mitversicherer.

Wegen zahlreicher spartenspezifischer Eigenheiten kann diese Aufzählung nur als beispielhaft betrachtet werden.

Da zwischen dem Zeitpunkt des Angebotes und dem Beginn der fakultativen Rückversicherung meistens nur eine kurze Zeitspanne liegt, ist es äußerst wichtig, den Rückversicherer mit diesen notwendigen Informationen zu versorgen, da dadurch zeitaufwendige Rückfragen erspart werden können, die den Erstversicherer unter Umständen in Deckungsschwierigkeiten bringen würden.

Nachdem der Rückversicherer die Bearbeitung eines angebotenen Risikos abgeschlossen hat, wird er dem Erstversicherer mitteilen, welchen Anteil in Prozent oder in festem Betrag er an der fakultativen Rückversicherung übernehmen will. Dies geschieht in der Regel durch eine Bestätigung per Telefon, Telex oder Telefax oder durch Rücksendung der unterschriebenen Kopie – mit Angabe des akzeptierten Anteils – des Angebotsslips. Die Bedingungen des so zustandegekommenen fakultativen Einzelrückversicherungs-Vertrages werden meistens zu einem etwas späteren Zeitpunkt (etwa vier Wochen) in einer fakultativen Rückversicherungs-Aufgabe (oder auch Rückversicherungs-Bordero/Rückversicherungs-Note genannt) noch einmal schriftlich fixiert und von beiden Vertragsparteien unterschrieben.

Der Rückversicherer kann das angebotene Risiko aber auch ablehnen. Dies wird er ebenfalls wegen der gebotenen Schnelligkeit per Telefon, Telex oder Telefax vornehmen. Zur Information des Erstversicherers sollten die Gründe der Ablehnung kurz dargestellt werden. Ferner kann der Rückversicherer, abweichend von dem Angebot, auch Bedingungen nennen, zu denen er bereit ist, sich an der fakultativen Rückversicherung zu beteiligen.

Bei Nichtbeantwortung eines Angebotes durch den Rückversicherer kann sein Schweigen nicht als Annahme ausgelegt werden.

Erst mit dem Zugang der Annahmeerklärung kommt, falls nichts anderes vereinbart ist, die fakultative Rückversicherung zustande. Wesentliche Änderungen des Inhalts der rückversicherten Police, wie zum Beispiel Versicherungssummen, Bedingungen, Prämienraten, gedeckte Gefahren während der vereinbarten Laufzeit, verpflichten den Rückversicherer nur dann, wenn er seine Zustimmung dazu gegeben hat. Die fakultative Rückversicherung erlischt, mangels anderer Vereinbarungen, automatisch mit dem Ablauf der für den konkreten Fall vereinbarten Laufzeit.

Der Erstversicherer wird in der Regel frühzeitig vor Ablauf der vereinbarten Vertragsdauer eine Verlängerung (Prolongation) der fakultativen Rückversicherung anbieten, wobei er den Rückversicherer über Änderungen der Originalpolice und den statistischen Verlauf informieren wird. Der Rückversicherer kann die Verlängerung der gewährten Deckung ablehnen.

Das fakultative Rückversicherungsgeschäft ähnelt also auch aufgrund des Informationsbedarfs des Rückversicherers in vieler Hinsicht dem Direktgeschäft. Große professionelle Rückversicherer haben Abteilungen für fakultatives Geschäft eingerichtet, in denen, getrennt nach Sparten, Fachleute arbeiten, die eine schnelle und sachverständige Beurteilung des angebotenen Risikos vornehmen.

Die Aufgabe des fakultativen Rückversicherers beschränkt sich nicht nur auf die Bereitstellung von Kapazität, sondern erfordert auch, den Erstversicherer von Fall zu Fall bei der Quotierung eines Risikos, der Bedingungsausgestaltung einer Police, der Festlegung von Schadenverhütungsmaßnahmen etc. zu unterstützen und zu beraten. Hierzu gehört nicht selten auch eine gemeinsame Risikobesichtigung zusammen mit dem Erstversicherer vor Ort im In- und Ausland.

Fakultative Rückversicherungen werden in der Praxis meistens bei denjenigen Rückversicherern angeboten, mit denen der Erstversicherer bereits im obligatorischen Rückversicherungsbereich Geschäftskontakte unterhält. Hierbei ist es für den Erstversicherer von Bedeutung, daß er bei einem professionellen Rückversicherer nicht zu befürchten braucht, daß die zu einem fakultativen Risiko gelieferten detaillierten Einzelheiten zu Konkurrenzzwecken ausgewertet werden.

Die Bedeutung der fakultativen Rückversicherung ist trotz des Kosten- und Zeitaufwandes stetig gestiegen. Dies liegt zum Teil darin begründet, daß durch die fortschreitende technologische Entwicklung nicht nur die Versicherungs- und Deckungssummen erheblich angestiegen sind, sondern auch in der Tatsache, daß die Risiken infolge dieser Entwicklung schwieriger und komplizierter geworden sind. Eine weitere Begründung ist dadurch gegeben, daß dem Erstversicherer durch die fakultative Rückversicherung neben seinem Selbstbehalt und den obligatorischen Rückversicherungsverträgen eine zusätzliche Kapazität zur Verfügung steht, die es ihm ermöglicht, einen höheren Bruttoanteil an einer Police zu zeichnen, um somit seine Marktposition zu festigen oder auszubauen. Weitere Gründe für die Notwendigkeit einer fakultativen Rückversicherung sind darin zu finden, daß aufgrund der Vereinbarungen in den obligatorischen Rückversicherungsverträgen Policen oder Teile davon nicht in die Rückversicherungsverträge zediert werden dürfen. So können zum Beispiel die Vertragsbestimmungen über den geographischen Geltungsbereich des Rückversicherungsvertrages dies nicht zulassen oder bestimmte Risikoarten oder Gefahren sind in dem Rückversicherungsvertrag ausgeschlossen.

Gelegentlich greift der Erstversicherer aber auch dann zur fakultativen Rückversicherung einzelner Risiken, wenn er die Kapazitäten unter seinen obligatorischen Rückversicherungsverträgen aus gewichtigen Gründen nicht voll auszuschöpfen wünscht. Das Volumen der fakultativen Abgaben ist bei den einzelnen Erstversicherern sehr unterschiedlich und ist abhängig von den Kapazitäten, die ihnen unter ihren obligatorischen Rückversicherungsverträgen zur Verfügung stehen.

Die fakultative Rückversicherung ist heute für viele Sparten, wenn auch mit unterschiedlicher Gewichtung, eine weit verbreitete Form der Rückversicherung. In der industriellen Feuerversicherung zwingen ständig steigende Versicherungssummen sowie damit zusammenhängende Erhöhungen beim geschätzten Höchstschaden und beträchtliche Ausdehnungen im Haftungsumfang bei der Feuer-Betriebsunterbrechungs-Versicherung die Erstversicherer zur Nachfrage nach fakultativem Rückversicherungsschutz. Oft wird unter Kumulaspekten fakultative Rückversicherung notwendig, wenn in den Originalpolicen außergewöhnliche Naturgefahren wie zum Beispiel Erdbeben, Überschwemmungen, Vulkanismus eingeschlossen sind.

In der Transportversicherung hat die fakultative Rückversicherung ein weiteres breites Anwendungsfeld gefunden. Hier sind es besonders die Versicherungsobjekte mit hohen Versicherungssummen, wie zum Beispiel in der Kaskoversicherung die Flotten oder Einzelschiffe großer Reedereien, in der Baurisikoversicherung der Neu- oder Umbau von großen und/oder teuren Schiffen, in der Meerestechnikversicherung die Bohrinseln, in der Warenversicherung sind es die Großpolicen mit hohen Maxima, in der Ausstellungsversicherung insbesondere die Kunstausstellungen mit zum Teil enorm hohen Versicherungssummen und in der Valorenversicherung die Transporte von Wertpapieren, Edelmetallen, Edelsteinen oder Bargeld.

In der Luftfahrtversicherung ergibt sich fakultativer Rückversicherungsbedarf überwiegend für den Bereich der Raumfahrt und für die großen Flugzeugflotten mit ihren hohen Versicherungssummen für die Kaskodeckungen und den außerordentlich hohen Deckungssummen für die Haftpflichtdeckungen.

Auch in den technischen Versicherungszweigen sind es überwiegend die Großprojekte, die trotz starker primärer Risikoteilung durch Mitversicherung und obligatorische Rückversicherung noch fakultative Deckungen erforderlich machen. Es sind hier insbesondere die Energieprojekte (Kraftwerke und Kernkraftwerke), die Großindustrieprojekte und deren Maschinen, die Großbauprojekte (Staudämme, Tunnel) und Deckungen aus dem Bereich der Computer-Technologie.

Das in den Industriestaaten stark gewachsene Anspruchsbewußtsein und eine verbraucherfreundlichere Gesetzgebung und Rechtsprechung haben in den letzten Jahren in der Industrie zu erheblich gestiegener Nachfrage nach höheren Haftpflicht-Deckungssummen geführt, die für größere Konzerne viele hundert Millionen erreichen. Hierfür und für besonders schwere und daher von der obligatorischen Rückversicherung ausgeschlossene Risiken (zum Beispiel Produkt-Haftpflicht für bestimmte Produkte, insbesondere bei Exporten etwa in die USA) werden zunehmend fakultative Rückversicherungen abgeschlossen.

Wenn der Markt bei sehr hohen Risiken kaum mehr aufnahmefähig ist oder wenn die Originalprämie sehr niedrig liegt, kann eine fakultative Rückversicherung gelegentlich nur zu einem höheren Prämiensatz oder zu stark gedrückter Rückversicherungsprovision gefunden werden. Die Differenz muß dann vom Zedenten aufgebracht werden, sofern er es nicht in solchen Fällen vorzieht, seine Zeichnung auf das Risiko herabzusetzen und auf die fakultative Rückversicherung zu verzichten.

Einen fakultativ-obligatorischen Rückversicherungsvertrag (Open Cover) wird ein Zedent dann abzuschließen bestrebt sein, wenn er nicht nur gelegentlich, sondern regelmäßig in einem der von ihm betriebenen Versicherungszweige fakultative Rückversicherungen abzugeben hat. Man versteht darunter ein Abkommen, das es dem Erstversicherer freistellt, gewisse, möglichst genau zu bezeichnende Risikokategorien rückzuversichern, den Rückversicherer aber verpflichtet, diese Risiken zu übernehmen (fakultativ-obligatorischer Vertrag). Ein wesentliches Merkmal der echten fakultativen Rückversicherung, nämlich die Möglichkeit des Rückversicherers, das Risiko abzulehnen, fällt bei dieser Vertragsform weg. Er erhält dafür aber ein breiteres, ausgeglicheneres Aliment, also nicht nur gelegentlich einzelne Risiken. Wichtig ist, daß unter dem Open Cover nicht nur besonders exponierte Risiken gedeckt werden, daß der Zedent also keine negative Risikoauslese zu Lasten des Rückversicherers betreibt. Als Schutzmaßnahmen verbleiben diesem eine genaue Prüfung der ihm zugehenden Aufgabelisten sowie eine sorgfältige Auswahl der Zedenten und eine besonders schnelle und genaue Überwachung des Vertragsverlaufs.

In der Lebensversicherung hat die fakultative Rückversicherung eine besondere Bedeutung bei der Versicherung von sogenannten erhöhten Risiken. Für die Zeichnung der erhöhten Risiken haben die professionellen Rückversicherer spezialisierte Abteilungen eingerichtet. Hier erfolgt eine medizinische und tätigkeitsbezogene Überprüfung der eingehenden Anträge durch Gesellschaftsärzte und Antragsprüfer der Rückversicherungsunternehmen. Bei hohen Versicherungssummen, und insbesondere bei Invaliditätsdeckungen, wird darüber hinaus auch die Angemessenheit der beantragten Deckung überprüft, um Überversicherungen zu vermeiden und damit das subjektive Risiko einer mißbräuchlichen Ausnutzung der Versicherung möglichst gering zu halten.

Als Ergebnis der Antragsprüfung werden dem Erstversicherer die Bedingungen für die Annahme des erhöhten Risikos mitgeteilt. Diese Bedingungen können in der Form von Zuschlagsprämien, Alterserhöhungen, Staffelungen der Versicherungssumme oder auch als Ausschlüsse bestimmter Gefährdungen festgelegt werden. Aufgrund dieser Angaben ist der Erstversicherer in der Lage, dem Antragsteller ein Angebot zu unterbreiten. Kommt die Versicherung zustande, so verpflichtet sich der Rückversicherer, sie zum Teil oder auch ganz zu übernehmen.

Um ihrer Funktion gerecht zu werden, bewerten die Rückversicherer eine Fülle von Material für die Einschätzung von erhöhten Risiken. Dieses Material wird durch eigene Beobachtungen und statistische Untersuchungen ergänzt. Ferner wird die Güte der abgegebenen Einschätzungen ständig anhand von statistischen Untersuchungen kontrolliert.

Die Rückversicherer leisten damit auch einen wichtigen Beitrag zur Weiterentwicklung der Versicherungsmedizin.

2.2.2 Die obligatorische Rückversicherung

Die oben erwähnten beträchtlichen Prämieneinnahmen der Rückversicherer stammen ganz überwiegend aus obligatorischen Rückversicherungsverträgen. Diese erst haben es möglich gemacht, daß die Rückversicherer ihrer volks- und weltwirtschaftlichen Aufgabe erfolgreich entsprechen und den Fortschritt des Versicherungswesens durch Übernahme von Entwicklungsrisiken aus neuen Branchen und neuen Versicherungsformen fördern konnten.

Die obligatorische Rückversicherung bindet die Parteien wesentlich stärker aneinander als vereinzelte fakultative Rückversicherungsabgaben. Die wichtigsten Grundsätze, welche die obligatorische Rückversicherung beherrschen, haben sich bei der Quoten- und Summenexzedentenrückversicherung herausgebildet. Nicht alle sind auch auf die an Bedeutung zunehmende Schadenrückversicherung anwendbar, die, ebenfalls überwiegend als obligatorische Rückversicherung abgeschlossen, sich in rascher, keineswegs abgeschlossener Entwicklung befindet.

Wenn sich beim obligatorischen Rückversicherungsvertrag der Zedent verpflichtet, alle im Vertrag näher umschriebenen Risiken in bestimmtem Ausmaß in Rückversicherung zu geben (z.B. alle in Deutschland direkt gezeichneten Feuerversicherungen, das französische Transportgeschäft, alle in der Maschinenabteilung eines englischen Zedenten gezeichneten Risiken), so folgt schon daraus, daß der Rückversicherer, der sich seinerseits verpflichtet, diese Risiken zu übernehmen, nicht in jedem einzelnen Fall nach seiner Beurteilung des Risikos gefragt werden kann. Vielmehr muß der Zedent aus Gründen wirtschaftlicher Zweckmäßigkeit das Recht haben, seine Zeichnungen nach eigenem Gutdünken vorzunehmen, die Prämien im Einzelfall festzusetzen, die ihm angemessen erscheinenden Verwaltungsmaßnahmen hinsichtlich der rückversicherten Policen zu treffen und die Schäden so zu regeln, wie er es im gemeinsamen Interesse für richtig hält. Bei allen Entscheidungen hat er die Interessen des Rückversicherers wie seine eigenen zu wahren. Handelt er grob fahrlässig oder gar vorsätzlich gegen dessen Interessen, so wird der Rückversicherer dadurch haftungsmäßig nicht verpflichtet. Dem Geschäftsführungsrecht des Erstversicherers entspricht, vom Rückversicherer her gesehen, dessen Folgepflicht. Ihr Umfang richtet sich also nach dem Geschäftsführungsrecht des Zedenten; sie unterliegt den dafür geltenden Grenzen.

Kulanzentschädigungen darf der Erstversicherer nach der weltweit bestehenden Übung auch mit Wirkung für den Rückversicherer leisten, allerdings nur insoweit, als das von einem Schaden betroffene Risiko von der Police gedeckt wird und deshalb unter den Rückversicherungsvertrag fällt.

Gerade bei solchen Zahlungen ist der Zedent verpflichtet, jeden Mißbrauch und jeden Verstoß gegen Treu und Glauben zu vermeiden und den Interessen des Rückversicherers voll Rechnung zu tragen. Für Prozeßvergleiche, Rabatte usw. gilt das gleiche. Der Zedent wird sich in der Praxis stets darauf verlassen können, daß der Rückversicherer seine Leistungspflicht anerkennt, solange er selbst gesunde Geschäftsgrundsätze anwendet.

3. Abschluß, Durchführung und Beendigung von Rückversicherungsverträgen

3.1 Vertragsabschluß

3.1.1 Vorbereitung

Rückversicherungsgesellschaften schließen ihre Verträge meist unmittelbar vom Gesellschaftssitz aus ohne Einschaltung einer Außendienst-Organisation ab. Bei größeren Unternehmen kommt es allerdings jetzt immer häufiger vor, daß sie an wichtigen ausländischen Versicherungsplätzen vertreten sind, sei es durch Bevollmächtigte, sei es durch Tochtergesellschaften. Vertretungen oder Niederlassungen im Ausland können besonders dann zweckmäßig sein, wenn für den Betrieb der Rückversicherung Zulassungsvorschriften bestehen, wie dies häufig der Fall ist, zum Beispiel in den Vereinigten Staaten von Amerika oder in Kanada. Daneben erleichtern es solche Vertretungen, persönliche Beziehungen zu den als Zedenten in Frage kommenden Erstversicherungsgesellschaften herzustellen und aufrechtzuerhalten, und sie können auch für eine schnelle und sachkundige Unterrichtung über die Marktverhältnisse und deren Veränderungen, zumal in weit entfernten Geschäftsgebieten, zweckmäßig sein.

Die überwiegende Praxis geht allerdings dahin, daß die Herstellung und Pflege der Geschäftsbeziehungen vom Gesellschaftssitz aus durch entsprechend qualifizierte Repräsentanten erfolgt. Daneben kommen Rückversicherungsverträge auch aufgrund von Maklerangeboten zustande. Allerdings sind professionelle Rückversicherer aus Kostengründen solchen Angeboten gegenüber dann im Einzelfall oft grundsätzlich zurückhaltend, wenn sie durch eigene Reisetätigkeit oder durch Errichtung von Vertretungen unmittelbare Beziehungen zu Erstversicherern herstellen und pflegen.

Das Bestreben, zu einem großen Kreis von Kunden in aller Welt Verbindungen sachkundig herzustellen und dann beratend und zuverlässig aufrechtzuerhalten, hat in den letzten Jahrzehnten zu einer Veränderung der Organisation von professionellen Rückversicherungsgesellschaften geführt. War sie ursprünglich wie bei den Erstversicherern nach Sparten gegliedert, so sind jetzt meist Marktabteilungen für den Abschluß und die Durchführung der Verträge mit Kunden bestimmter mehr oder weniger umfangreicher Regionen zuständig. Auf diese Weise soll sichergestellt werden, daß die Besonderheiten der verschiedenen Versicherungsmärkte bei der Zeichnungspolitik hinreichend und einheitlich, entsprechend den jeweiligen Richtlinien der Geschäftsleitung, berücksichtigt werden. Allerdings bestehen daneben meist auch weiterhin Fachabteilungen für Branchen, bei denen es zweckmäßiger ist, daß Spezialisten ihr Fachwissen voll unter eigener Verantwortung einsetzen. Dies gilt zum Beispiel für die Luftfahrt-, Kredit- und Kautionversicherung, gelegentlich für die technischen Versicherungszweige, aber auch für die Lebens- und die Krankenversicherung. Aber auch hier gilt das Prinzip, die Zuständigkeit für einen Zedenten jeweils möglichst in eine Hand zu legen.

Für Kapitalanlagen, Finanzen und Steuern, Buchhaltung, EDV, Personal und Planung sind in der Regel mehr oder weniger zusammengefaßte Spezialabteilungen in den Rückversi-

cherungsunternehmen zuständig. Eine gewisse Ausnahme von einer solchen Organisations-
struktur bildet die Vertrags- und Buchhaltungszentrale des Londoner Marktes. Schon in den
1970er Jahren als Policy Signing and Accounting Center (PSAC) tätig, aber in den 1990er
Jahren als London Insurance and Reinsurance Marketing Association (LIRMA) auf brei-
terer Basis aufgetreten, ist LIRMA heute eine Institution, an der die meisten Rückversicherer des Londoner Markts teilnehmen. LIRMA erleichtert ihren Mitgliedern die Verwaltung von obligatorischen Verträgen in allen Nicht-Transport(non-marine)-Sparten dadurch,
daß sie administrative Aufgaben ausführt, die sonst vom führenden Rückversicherer, vom
Makler oder von den vielen am Vertrag beteiligten Rückversicherern selbst hätten erfüllt
werden müssen. Wenn ein Rückversicherer seine Annahme eines vom Makler angebotenen
Slips durch einen LIRMA-Stempel bestätigt hat, wird LIRMA damit beauftragt, den defi-
nitiven prozentualen Anteil des Rückversicherers zu kalkulieren, den Wortlaut des Vertrags
zu prüfen, die entsprechende Prämie an den Rückversicherer weiterzuleiten und andere
administrative Arbeiten durchzuführen. LIRMA gibt die Ergebnisse dieser Arbeit in eine
Datenbank ein, an der alle LIRMA-Mitglieder angeschlossen sind, und auf diese Weise hat
der einzelne Rückversicherer schnellen Zugriff auf die fertigen Zahlen.

3.1.2 Angebotsunterlagen (Slip und Statistik)

Als Unterlagen für die Prüfung eines angebotenen Rückversicherungsvertrages dienen
meist stichwortartige Zusammenfassungen der wesentlichen Vertragsbestimmungen, die
Slip genannt werden, und eine Statistik über den bisherigen Geschäftsverlauf. Im Slip
werden der Versicherungszweig, die Rückversicherungsform, die Anzahl der Maxima, der
Selbstbehalt und das Gebiet bezeichnet, aus welchem die rückzuversichernden Risiken
stammen, ferner der zu deckende Vertragsanteil, die voraussichtliche Prämieneinnahme
und die Höchsthaftung des Rückversicherers. Außerdem enthält er Angaben über die Höhe
der etwa zu stellenden Depots und deren Verzinsung, über die gegebenenfalls zu leisten-
den Schadeneinschüsse, die Provisionen und Gewinnanteile, die Vertragsdauer und die
Kündigungsfrist sowie weitere kurze Informationen über das rückzudeckende Geschäft.

Die Statistik ist besonders darauf zu untersuchen, ob sie vollständig ist, ob also zum
Beispiel die Prämienüberträge berücksichtigt wurden, welche Entwicklung die Prämien
und Schäden in den letzten Jahren genommen haben, ob starke Schwankungen beim
Schadenanfall zu verzeichnen waren und ob die Schadenreserven ausreichend gestellt
wurden.

Die aus der Statistik gewonnenen Erkenntnisse und die Informationen, die über das rückzuversichernde Geschäft und den Zedenten sonst zur Verfügung stehen, bilden die Grundlage für die Entscheidung über Annahme oder Ablehnung, über die Höhe der zu bewilli-
genden Provisionen und Gewinnanteile und des zu übernehmenden Vertragsanteils.

3.1.3 Vertragsbeginn

Besteht grundsätzlich Einigkeit über die Bedingungen des Vertrages, so ist dessen Wortlaut festzulegen. Das geschieht oft durch den Zedenten, nicht selten aber auch durch den
Rückversicherer, besonders dann, wenn er den Vertrag allein deckt.

Sobald auch über den Wortlaut Einigkeit besteht, wird der Vertrag von den Parteien unterzeichnet. Rückversicherungsverträge treten meist zum 1. Januar in Kraft. Spätere Vertragsänderungen werden entweder durch Nachträge dokumentiert oder in Form eines Briefwechsels vereinbart.

3.2 Vertragsklauseln

Einige Vertragsklauseln finden sich in leicht abgewandelter Form in nahezu allen obligatorischen Rückversicherungsverträgen.

3.2.1 Schicksalsteilung und Folgepflicht

Mit der Bestimmung, daß der Rückversicherer das Schicksal des Erstversicherers teilt, bringen die Parteien zunächst zum Ausdruck: Der Rückversicherer soll denselben von außen, also ohne Zutun des Erstversicherers, auf das Versicherungsverhältnis einwirkenden Umständen unterworfen sein. Dies gilt insbesondere beim Eintritt eines Schadens. Besagt die oben erwähnte Folgepflicht, daß der Rückversicherer den zweckentsprechenden Entscheidungen des Zedenten bei der Bezahlung des Schadens zu folgen hat, so bedeutet Schicksalsteilung, daß der Eintritt eines Schadens und sein Ausmaß den Erst- wie den Rückversicherer „schicksalsmäßig" je mit den vertraglich vereinbarten Anteilen belasten.

Die Schicksalsteilung bedeutet dagegen nicht, daß der Rückversicherer auch das kaufmännische Schicksal des Erstversicherers zu teilen hat. So bleibt der Anspruch des Rückversicherers auf die Prämie bestehen, wenn die Originalprämie beim Erstversicherer eingegangen ist, durch Unterschlagung eines Agenten oder eines Angestellten oder durch den Konkurs einer Bank aber wieder verlorenging. Ebensowenig kann aus dem Grundsatz der Schicksalsteilung abgeleitet werden, daß der Rückversicherer Leistungen zu erbringen hat, die über die vertraglich vorgesehenen Haftungsgrenzen hinausgehen, oder daß er Schäden aus Versicherungen zu übernehmen hat, die nicht in die laut Vertrag rückversicherte Risikokategorie fallen.

Ein Beispiel für die Funktion und Anwendung der Folgepflicht bzw. ihrer eingeschränkten Wirkungsweise läßt sich der neueren englischen Rechtsprechung entnehmen: Gerade die Asbestschäden aufgrund der Produkthaftpflicht stellen seit den frühen 1980er Jahren in den USA einen enormen Schadenbereich für die Erstversicherer dar, dessen Folgen für Rückversicherer in den späten 1980er Jahren weltweit deutlich zu spüren waren. Angesichts des riesigen Ausmaßes dieser Schäden schloß sich schon 1984 eine Gruppe von Erstversicherern im sogenannten Wellington-Vertrag zusammen, um gegenseitige Prozeßkosten zu sparen. Solche Einsparungen wurden durch den Vertrag ermöglicht, indem sich jeder der den Vertrag unterzeichnenden Versicherer bereit erklärte, auch dann Schadenersatz zu leisten, wenn er für einen erhobenen Anspruch tatsächlich nicht haftete. Als 1991 ein Erstversicherer seinerseits solche nicht-haftungsgemäßen Zahlungen seinen Rückversicherern gegenüber geltend machen wollte, berief er sich auf die Folgepflicht (engl. duty to „follow the settlements"), die ausdrücklich in einer Klausel im Rückversicherungsvertrag vereinbart war. Der High Court in London verwarf jedoch die Behauptung des Zedenten, es könne etwas rückversichert sein, was zugegebenermaßen vom Zedenten nicht versichert worden war, und bestätigte die Position des Rückversicherers, daß die Folgepflicht den Rückversicherer nicht für einen Schaden bindet, der nicht rückversichert war (vgl. Hiscox gegen Outhwaite, (1991) 2 Lloyd's Law Reports 524).

3.2.2 Irrtumsklausel

Sie besagt, daß unbeabsichtigte Irrtümer und Unterlassungen des Zedenten bei der Durchführung des Vertrages den Rückversicherungsschutz nicht hinfällig werden lassen. Sie ergänzt also die Bestimmungen über das Geschäftsführungsrecht und die Schicksalsteilung. Wird zum Beispiel vergessen, ein Risiko, das aufgrund des obligatorischen Vertrages dem Rückversicherer aufzugeben war, in das Bordero (Liste der rückgedeckten Risiken) aufzunehmen oder werden irrtümlich falsche Angaben über die Höhe des rückversicherten Betrages gemacht, so haftet der Rückversicherer trotzdem bis zur Höhe seiner vertraglichen Leistungspflicht. Allerdings ist der Zedent verpflichtet, entdeckte Irrtümer unverzüglich mitzuteilen. Ist für eine Versicherung, die laut Vertrag rückzuversichern war, auch die Festsetzung des Selbstbehalts versehentlich unterblieben, so ist dieser, falls insoweit keine bindende Verpflichtung eingegangen worden war, vom Zedenten nach seiner bei ähnlichen Risiken geübten Praxis zu bestimmen, besonders dann, wenn auf die irrtümlich nicht richtig behandelte Versicherung bereits ein Schaden angefallen ist.

3.2.3 Prüfungsrecht

Der Rückversicherer räumt dem Zedenten mit dem Abschluß eines obligatorischen Rückversicherungsvertrages das Recht ein, ihn zu verpflichten, ohne daß er im einzelnen auf die Risikoauswahl, die Prämienbemessung und die Schadenregulierung einwirken könnte. Wie die Erfahrung gezeigt hat, ist dieses Risiko tragbar, sofern beim Abschluß des Vertrages mit hinreichender Sorgfalt vorgegangen wird.

Hauptsächlich zwei Umstände machen es indessen notwendig, daß sich der Rückversicherer vertraglich ein Prüfungsrecht der Bücher des Zedenten und sonstiger Unterlagen, die sich auf den Rückversicherungsvertrag beziehen – zum Beispiel das Prämien- und Schadenregister –, einräumen läßt:

Er erhält häufig keine hinreichenden Angaben über die rückversicherten Risiken und die angefallenen Schäden. Ferner werden Rückversicherungsverträge nicht selten abgeschlossen, ohne daß es dem Rückversicherer möglich ist, sich zuvor über die Vertrauenswürdigkeit des Zedenten voll zu unterrichten; dies gilt besonders dann, wenn es sich um von Maklern vermittelte Verträge handelt, die oft ohne persönlichen Kontakt zwischen Zedent und Rückversicherer zustande kommen.

Das Prüfungsrecht ist deshalb ein nicht zu unterschätzender Schutz des Rückversicherers. Wenn es auch verhältnismäßig selten ausgeübt wird, so ist doch bereits die Tatsache seines Bestehens wichtig.

Es kommt auch vor, daß der Zedent den Rückversicherer auffordert, Einblick in seine Bücher und Unterlagen zu nehmen, um entweder diesem die Möglichkeit zu geben, sich von der ordentlichen Durchführung des Vertrages zu überzeugen, oder um gemeinsam zu entscheiden, welche Vereinfachungen und Verbesserungen etwa technisch möglich sind.

3.2.4 Schiedsgericht

Obwohl es fast stets gelingt, Meinungsverschiedenheiten über die Auslegung und Ausführung von Rückversicherungsverträgen gütlich zu bereinigen, bedarf es doch einer Instanz, die Streitfälle zwischen den Vertragsparteien entscheidet, die nicht anders beigelegt werden können.

Fast immer sieht deshalb der Vertrag vor, daß ein Schiedsgericht unter Ausschluß der ordentlichen Gerichtsbarkeit zuständig ist. Nur für den Fall, daß anerkannte Salden nicht bezahlt werden, wird meist die Zuständigkeit der ordentlichen Gerichte vorgesehen.

Das Schiedsgericht besteht meist aus drei Mitgliedern. Jede Partei hat einen Schiedsrichter zu benennen, diese wählen dann den Obmann. Ist eine Einigung nicht möglich, entscheidet eine dritte Instanz über die Person des Obmanns, zum Beispiel der Präsident eines Gerichts oder einer Handelskammer. Die Schiedsrichter müssen in der Regel aktive oder im Ruhestand lebende Vorstandsmitglieder von Versicherungs- oder Rückversicherungsgesellschaften sein. Ferner ist meistens vorgesehen, daß das Schiedsgericht am Sitz des Zedenten zusammentritt. Sehr häufig sind Vorschriften, die etwa besagen, daß die Entscheidung weniger nach formalem Recht als nach den Grundsätzen der Billigkeit und den Gegebenheiten des praktischen Geschäftes unter besonderer Berücksichtigung von Treu und Glauben erfolgen soll.

3.3 Durchführung des Rückversicherungsvertrages

3.3.1 Grundbegriffe der Rückversicherungstechnik

Rückversicherer und Zedent treffen in allen Fällen Vereinbarungen über die Prämie, die als wichtiger, gelegentlich auch einziger Kalkulationsfaktor für den Preis der zu gewährenden Deckung anzusehen ist. Daneben wird in proportionalen Rückversicherungsverträgen die vom Rückversicherer als Beitrag zu den Kosten des Erstversicherers zu leistende Rückversicherungsprovision vereinbart, ferner finden sich Vertragsbestimmungen über Gewinnanteile, über die Schadenleistungen der Rückversicherer, über Depots und Zinsvergütungen, über Abrechnungsverfahren und über den Aufgabendienst.

Obwohl diese wesentlichen Vereinbarungen nach Form und Inhalt von Fall zu Fall stark voneinander abweichen können, lassen sich doch auch zahlreiche Übereinstimmungen feststellen.

Rückversicherungsprämie

In proportionalen Rückversicherungsverträgen wird regelmäßig vereinbart, daß dem Rückversicherer anteilig die Originalprämie zu vergüten ist. Darunter wird diejenige Prämie verstanden, die der Erstversicherer vom Versicherungsnehmer entsprechend dem von ihm angewandten Prämientarif erhebt. Wird in einem Ausnahmefall vom Tarif abgewichen, so wirkt sich dies auch dann für bzw. gegen den Rückversicherer aus, wenn dem Rückversicherungsvertrag ausdrücklich Tarife und Bedingungen des Zedenten zugrunde gelegt worden sind. Selbstverständlich darf dieses Recht nicht mißbraucht werden; in Zweifelsfällen empfiehlt es sich, den Rückversicherer zu unterrichten.

Sogenannte Ausfertigungs- und Hebegebühren gehören nicht zur Originalprämie; an Ratenzahlungszuschlägen wird der Rückversicherer dann nicht beteiligt, wenn ihm die Prämie jährlich im voraus verrechnet wird.

In der Transportversicherung wird dem Rückversicherer oft nur die um Courtagen, Diskonte und Agentenprovisionen gekürzte Originalprämie (die sogenannte Nettoprämie) verrechnet. Dieses von englischen Gepflogenheiten beeinflußte Verfahren macht es dem Rückversicherer unmöglich zu beurteilen, ob die erhobenen Prämien angemessen sind, und schließt eine Kontrolle über die Höhe der Kosten aus, zu denen der Rückversicherer auch bei diesem Verfahren anteilig beiträgt. Zusätzlich wird ihm meist noch eine Superprovision in Rechnung gestellt.

Bedenklich ist ein in einzelnen Ländern geübtes Verfahren, die Tarifprämie um Verwaltungskostenzuschläge unterschiedlichen Ausmaßes zu erhöhen, von dieser dem Versicherungsnehmer belasteten erhöhten Prämie dem Rückversicherer aber nur denjenigen Teil anteilig gutzubringen, welcher der Tarifprämie entspricht. Die Folge ist, daß die Ergebnisse beim Erst- und Rückversicherer nicht nur wegen der infolge schlechteren Ausgleichs im allgemeinen höheren Schadenbelastung des Rückversicherers voneinander abweichen, sondern zusätzlich noch durch die unterschiedliche Prämienausgangsbasis zum Nachteil des Rückversicherers verzerrt werden. Eine Korrektur kann nur über die Provision erreicht werden.

Zum besseren Verständnis der Lebensrückversicherung und der dort üblichen Verfahren zur Bemessung der Rückversicherungsprämie ist daran zu erinnern, daß die Prämie in der Lebensversicherung einen Anteil zur Deckung des Risikos und Anteile für laufende Kosten und Abschlußkosten enthält. Die Abschlußkosten sind durchweg wesentlich höher als in anderen Sparten und werden zumeist über die gesamte Policenlaufzeit amortisiert. Zu diesen Risiko- und Kostenanteilen kommt bei vielen Versicherungstarifen als Besonderheit ein Sparanteil hinzu, der dazu verwendet wird, die Reserve für die zum Ende der Laufzeit fällige Erlebensfalleistung aufzubauen. Auch bei Policen, die keine Erlebensfallleistung vorsehen, werden Prämienanteile reserviert, um das mit dem Alter wachsende Todesfallrisiko auszugleichen und damit eine gleichbleibende Prämie zu ermöglichen.

Der Rückversicherer wird dagegen häufig nur am eigentlichen Todesfallrisiko beteiligt. Er erhält dann eine von der Originalprämie abweichende Rückversicherungsprämie, die in der Regel von der im Erstversicherungsunternehmen verwendeten Sterbetafel zur Berechnung des Todesfallrisikos abgeleitet ist. Der Rückversicherer deckt den seinem Anteil am Originalrisiko entsprechenden Teil der Risikosumme der Versicherung. Hierunter versteht man die Versicherungssumme abzüglich der für die jeweilige Police angesammelten Reserve. Die oben beschriebene Rückversicherungsform wird als Rückversicherung auf Risikobasis bezeichnet. Die Rückversicherungsprämie verändert sich hierbei entsprechend der abgelaufenen Versicherungsdauer und dem steigenden Alter des Versicherten während der Policenlaufzeit.

Von der Rückversicherung auf Risikobasis ist die Rückversicherung auf Normalbasis zu unterscheiden. Dieser Vertragsform liegt die Idee zugrunde, daß sich der Rückversicherer am gesamten Versicherungsvorgang in gleicher Weise beteiligt wie der Zedent. Der Rückversicherer erhält den vertraglich vereinbarten Teil der – meist um die Verwaltungskosten verminderten – Originalprämie, übernimmt dafür den entsprechenden Anteil an allen Versicherungsleistungen und beteiligt sich an der Finanzierung der Abschlußkosten. Bei Normalbasisverträgen ist der Rückversicherer also auch zur Stellung der Deckungskapitalien für die rückversicherten Anteile verpflichtet, die in Deutschland wie in den meisten Ländern aufgrund gesetzlicher Vorschriften beim Erstversicherer hinterlegt werden müssen.

Einer der vor allem für junge oder rasch wachsende Lebensversicherer wichtigen Vorteile der Rückversicherung auf Normalbasis ist die Beteiligung des Rückversicherers an der Finanzierung des Neugeschäftes durch die Zahlung von Abschlußprovisionen. Der Rückversicherer amortisiert die von ihm geleistete Finanzierung im Laufe der Prämienzahlungsdauer durch etwaige Amortisationszuschläge in der Rückversicherungsprämie, durch die auf ihn entfallenden Risikogewinne und – bei einem Teil der Verträge – durch eine über die rechnungsmäßige Verzinsung der Deckungskapitalien hinausgehende Beteiligung an den Zinserträgen des Erstversicherers.

Für die Bemessung der Prämie bei nicht-proportionalen Rückversicherungsverträgen gelten Besonderheiten, die im Zusammenhang mit der Darstellung dieser Rückversicherungsform behandelt werden.

Rückversicherungsprovision

Aus der Tatsache, daß der Rückversicherer einen Anteil an der Originalprämie erhält, die sich meist aus der statistisch ermittelten Nettoprämie, einem Kosten-, einem Sicherheitszuschlag und einem Gewinnzuschlag zusammensetzt, folgt zwingend, daß er auch zu den Kosten beizutragen hat, die dem Erstversicherer bei Erwerb und Verwaltung der rückgedeckten Versicherungen entstehen. Dieser ,,Provision'' genannte Kostenbeitrag wird jedoch nur ausnahmsweise genau anteilig ermittelt und vom Rückversicherer getragen. Der anteiligen Belastung von Originalkosten würden erhebliche Zurechnungsschwierigkeiten entgegenstehen. Eine eingehende Kostenanalyse und Aufteilung der Kosten nach Risikoarten wäre die Voraussetzung für eine genaue Verteilung. So pflegen zum Beispiel die Erwerbskosten, bezogen auf die Versicherungssumme für das einfache Feuergeschäft, an dem der Exzedentenrückversicherer kaum beteiligt wird, wesentlich höher zu sein als diejenigen für das industrielle Feuergeschäft, das stark rückversichert ist.

Durch die Provision werden alle Verwaltungskosten abgegolten, die dem Erstversicherer erwachsen. Schwierigkeiten können entstehen, wenn der Begriff ,,Verwaltungskosten'' vertraglich nicht eindeutig definiert ist. Üblicherweise zählen unter anderem die Gehälter der Angestellten, mit Ausnahme derjenigen, die im Schadenregulierungsdienst als Außen-mitarbeiter eingesetzt sind, zu den durch die Provision abgegoltenen Verwaltungskosten. In Zweifelsfällen entscheidet der Wortlaut des Rückversicherungsvertrages und der Rück-versicherungsbrauch, nicht aber das Bilanzierungsverhalten des Zedenten.

Bei der Festsetzung der Provision pflegen außer den Originalkosten auch die Gewinn- und Verlustchancen aus dem abzuschließenden Rückversicherungsvertrag sowie die je-weilige Marktlage berücksichtigt zu werden. Die Höhe der für einen zu deckenden Vertrag angebotenen Provision entscheidet im Konkurrenzkampf der Rückversicherer oft darüber, wer den Vertrag erhält. Die Rückversicherungsprovision wird also zu einem Faktor, der den Preis des Rückversicherungsschutzes mitbestimmt. Sie übersteigt dann unter Umstän-den den Originalkostenaufwand, soweit er auf die rückversicherten Anteile entfällt, und kann vom Zedenten zur Minderung seines auf den Selbstbehalt entfallenden Kostenauf-wands herangezogen werden. Kommen somit Provisionen vor, die von dem ohnehin von Land zu Land und je nach dem Versicherungszweig und der Rückversicherungsform stark schwankenden durchschnittlichen Provisionssatz nach oben abweichen, so gibt es auch Fälle, in denen der Rückversicherer nur eine Provision bewilligen kann, welche die Ko-sten des Zedenten nicht vollständig deckt, so zum Beispiel dann, wenn das Tarifniveau so stark abgesunken ist, daß der Rückversicherer nur bei ermäßigter Provision noch eine Gewinnchance erwarten kann, ferner dann, wenn der Zedent etwa hohe Anlaufkosten für einen neu aufgenommenen Versicherungszweig aufwendet, die er selbst zu finanzieren gewillt ist.

Festzuhalten ist, daß es dem Wesen und der Zweckbestimmung der Provision als Kosten-ersatz nicht entspricht, wenn sie je nach den Ertragschancen und nach der jeweiligen Konkurrenzlage höher oder niedriger festgesetzt wird. Diesen Faktoren wird vielmehr der bei der Exzedentenrückversicherung regelmäßig vereinbarte Gewinnanteil des Zedenten am Überschuß, den der Rückversicherer erzielt, besser gerecht.

Im Falle der Lebensrückversicherung auf Risikobasis ist die Prämie, die der Rückversi-cherer erhält, bereits eine Nettoprämie für das in Rückdeckung gegebene Risiko, so daß hier in der Regel keine Provisionen gezahlt werden. Es wird jedoch in vielen Fällen ein genannter Selektionsabschlag auf die Prämie des ersten und gelegentlich auch des zweiten Versicherungsjahres gewährt. Statistische Untersuchungen zeigen nämlich, daß das Sterb-lichkeitsrisiko in der Lebensversicherung aufgrund der Antragsprüfung in den ersten Ver-sicherungsjahren günstiger ist als bei gleichaltrigen Versicherungsnehmern nach einer weiter fortgeschrittenen Policenlaufzeit.

Im Falle der Lebensrückversicherung auf Normalbasis zahlt der Rückversicherer dem Erstversicherer eine Abschlußprovision. Da in der Regel in der Lebensversicherung die Abschlußkosten für das Neugeschäft wesentlich höher sind als in den anderen Sparten, leistet er damit einen wichtigen Beitrag zu dessen Finanzierung. Diese Entlastung wird vor allem von jungen oder stark expandierenden Gesellschaften in Anspruch genommen. Diese Gesellschaften können vielfach die entstehenden Abschlußkosten aus eigenen Mit-teln nicht bestreiten. Sie bedienen sich der Rückversicherung zur Finanzierung von Teilen ihres Neugeschäftes. Die Finanzierung ist in solchen Fällen der eigentliche Grund für die

Rückversicherungsnahme. Solche Verträge werden deshalb auch Finanzierungsrückversicherungsverträge genannt.

Die zahlreichen technischen Gestaltungsformen der Rückversicherungsprovision werden später noch näher erläutert werden. In der nicht-proportionalen Rückversicherung werden keine Provisionen gezahlt.

Schäden

Den weitaus größten Teil der Gesamtausgaben des Rückversicherers machen die Schäden aus. Als Schäden sind dabei die Geldleistungen des Rückversicherers an den Zedenten zu verstehen, die in ursächlichem Zusammenhang mit den Schadenleistungen des Versicherers an den Versicherungsnehmer stehen; Voraussetzung ist dabei, daß die Originalschäden auf Risiken entfallen, die Gegenstand der Rückversicherung sind.

In engem Zusammenhang mit den „gezahlten" Schäden sind die „reservierten" Schäden bzw. Schadenrückstellungen zu sehen. Soweit angefallene Schäden noch nicht reguliert worden sind, der Zedent jedoch mit ihrer Bezahlung in der Zukunft zu rechnen hat, sind sie als Schadenrückstellungen auszuweisen. Die Schadenrückstellungen werden dem Rückversicherer für dessen Anteile aufgegeben, sind aber noch keine Ausgaben.

Gewinnanteil

Der oft vorgesehene Gewinnanteil des Zedenten ist als zusätzliche Vergütung des Rückversicherers aufzufassen, die er für eine erfolgreiche Risikoauswahl und eine sorgfältige, auch die Interessen des Rückversicherers berücksichtigende Annahmepolitik für den Fall gewährt, daß er einen Gewinn erzielt. Der Gewinnanteil wirkt für das Nettoergebnis des Zedenten zugleich kostenmindernd wie gewinnsteigernd und gewährt in Fällen, in denen die Rückversicherungsprovision die Originalkosten nicht oder nur knapp anteilig deckt, die Aussicht auf volle Kostenerstattung. Ein Gewinnanteil wird in der fakultativen Rückversicherung selten, in der nicht-proportionalen Rückversicherung in jüngster Zeit kaum mehr vereinbart.

3.3.2 Aufgabendienst

Prämienaufgaben

Durch die vom Erstversicherer meist monatlich zu erteilenden Aufgaben (Borderos) kann sich der Rückversicherer über die unter einem Exzedentenvertrag zedierten Risiken unterrichten und etwaige Kumulierungen feststellen. Sie bilden auch die Voraussetzung für die Weiterrückversicherung einzelner Risiken.

Die Borderos enthalten in Listenform Angaben über die Namen der Versicherten, die Art, Lage und Höhe der rückgedeckten Versicherungen, die Prämien, den Selbstbehalt, die Rückversicherungsanteile und die Laufzeit. Gelegentlich werden vorläufige Aufgaben, zumal bei größeren Risiken, erteilt, denen endgültige und vollständige Aufgaben folgen.

Die Aufgaben werden neuerdings oft unter Einsatz von EDV erstellt. Der Arbeitsvereinfachung dient auch das sogenannte Gruppenbordero, in dem Gruppen von rückversicherten Risiken mit gleich hoher, prozentual ausgedrückter Rückversicherungsquote zusammengefaßt werden.

Borderos werden allerdings in vielen Versicherungszweigen heute entweder überhaupt nicht mehr geliefert oder nur noch an einen führenden Rückversicherer versandt. Bei Exzedentenrückversicherungsverträgen in der Lebensrückversicherung wird der Aufgabendienst voll aufrechterhalten, in anderen Branchen werden gelegentlich nur noch diejenigen Risiken aufgegeben, die gewisse Mindestsummen überschreiten, während bei Quoten- und Schadenexzedentenrückversicherungsverträgen Aufgaben nicht erteilt werden, so daß der Rückversicherer die Risiken aus diesen Verträgen „blind" läuft.

Diese Entwicklung, die der Zwang zur Einschränkung der Verwaltungsarbeiten gefördert hat, führt dazu, daß der Rückversicherer die Zusammensetzung des von ihm unter obligatorischen Verträgen gedeckten Geschäftes nicht mehr im einzelnen kennt. Um so mehr ist der Zedent gehalten, das in ihn gesetzte Vertrauen zu rechtfertigen und die Interessen des Rückversicherers wie seine eigenen zu wahren.

Schadenmeldungen

Die bezahlten Schäden werden dem Rückversicherer, nach Anfalljahren getrennt, vierteljährlich oder monatlich listenmäßig mitgeteilt. Meist wird vereinbart, daß der Zedent berechtigt ist, einen sofortigen Schadeneinschuß der Rückversicherer zu fordern, wenn größere Schäden eintreten. Diese Bestimmung soll ihn davor schützen, daß seine Liquidität zu stark beansprucht wird.

Bei Schadenexzedentenverträgen ist stets eine unverzügliche Meldung derjenigen Schäden erforderlich, welche voraussichtlich eine Leistungsverpflichtung des Rückversicherers begründen werden. Die sorgfältige Erfüllung dieser Verpflichtung ist unerläßlich, da andernfalls eine Kontrolle des Vertragsverlaufs weder für den Rückversicherer noch für den Zedenten möglich ist.

Kumulaufgaben

Um dem Rückversicherer eines proportionalen Rückversicherungsvertrages die Einschätzung der von ihm übernommenen Verpflichtungen im Falle einer Naturkatastrophe (vor allem Erdbeben, Sturm und Überschwemmung) zu ermöglichen, teilt der Zedent ihm regelmäßig, meist mit Stichtag 30.6. und 31.12., die Anzahl der gegen die jeweiligen Gefahren versicherten Policen und deren gesamte in den Vertrag zedierte Versicherungssumme mit. Da Naturkatastrophen meist räumlich begrenzt sind, werden diese Kumulangaben nach sogenannten Kumulerfassungszonen untergliedert. Oft handelt es sich bei diesen Zonen um politische Einheiten oder Postleitzahlbereiche.

Darüber hinaus wird für diese Verträge meist ein Zessionslimit vereinbart, das ist eine Obergrenze für die Versicherungssumme, die insgesamt oder in bestimmten Zonen an den Rückversicherer zediert werden darf.

Die Aufgabe der Kumulzahlen erfolgt anhand von Formularen, die seit 1976 von der Organisation CRESTA zunächst für alle erdbebengefährdeten Länder entwickelt wurden (vgl. Abbildung 1). Nach den schweren europäischen Stürmen 1990 wurde die Kumul-

Naturgefahren-Kumulkontrolle

Gesellschaft: ....

LAND ....

Angaben zeigen den Stand am: ...., und für
(30.6., 31.12.)

Gefahr	Versicherungszweig
☐ Sturm	☐ EC/EC-BU ☐ Elektronik
☐ Erdbeben	☐ Sturm ☐ Bauleistung Montage
☐ Überschwemmung	☐ VGV
☐ Erdb./Überschw.[3]	☐ VHV ☐ Maschinen

(Angaben beziehen sich auf direktes und indirektes Geschäft – einschl. Mitversicherung –, sofern nicht anders angegeben)

☐ Brutto
☐ Netto
☐ 100 % .... Rückvers.Vertrag

Währung: ....

Kumulerfassungszone Postleitzahl	Gebäude			Inhalt			Gebäude/Inhalt[1]			BU		
	Risiken-/Policen-Anzahl	Haftungslimit[2]	Vers.-Summe	Risiken-/Policen-Anzahl	Haftungslimit[2]	Vers.-Summe	Risiken-/Policen-Anzahl	Haftungslimit[2]	Vers.-Summe	Risiken-/Policen-Anzahl	Haftungslimit[2]	Vers.-Summe
Gesamt												
Franchisen: (% der VS oder Betrag) max. min. Durchschnitt												

(1) Diese Spalte nur im Industriegeschäft, ggf. auch in Sturm
(2) Angabe der jeweiligen Höchstentschädigungsgrenze (Haftungslimit oder, falls nicht vereinbart, Versicherungssumme); entfällt bei VGV/VHV/Sturm/Elektronik/Maschinen
(3) Kombination nur, wenn als Paket versichert

Abbildung 1: Formular zur Erfassung der Kumulzahlen

erfassung und -meldung auf die Sturmgefahr erweitert. Seit 1993 gibt es einen EDV-Standard, der die Übermittlung der Kumulzahlen per Diskette in einem universell verwendbaren Datenformat erlaubt.

Anhand der aktuellen Kumulzahlen aller von ihm in einer bestimmten Region gezeichneten Verträge kann der Rückversicherer eine interne Kumulkontrolle durchführen und danach die Höhe seiner Zeichnungen und seinen Retrozessionsbedarf festlegen. Umgekehrt ist aber auch für den Zedenten die Kenntnis des Kumulexposures für den Selbstbehalt wichtig, um wiederum seine eigene Portefeuillegröße und seine Rückversicherungen optimal steuern zu können.

3.3.3 Abrechnungsverkehr

Der Rückversicherer steht mit seinem Zedenten im Kontokorrentverkehr. Üblicherweise werden die Abrechnungen bei proportionalen Rückversicherungsverträgen vierteljährlich erstellt. Bei nicht-proportionalen Rückversicherungsverträgen (Schadenexzedenten) werden Abrechnungen überwiegend einmal jährlich per Jahresende erteilt. Hierbei ist zu beachten, daß die vertraglich vereinbarten Voraus- und Mindestprämien fristgemäß eingehen. In der fakultativen Rückversicherung werden die Abrechnungen bei Fälligkeit der Prämie erstellt. Bei Retrozessionen werden die Abrechnungszeiträume fast immer auf den Zeitraum eines Halbjahres oder Jahres ausgedehnt.

In der fakultativ-obligatorischen Rückversicherung sollten die Prämien und bezahlten Schäden aus den zuvor in Rekapitulationen (Borderos) zusammengefaßten Aufgaben übernommen werden. Ob solche Rekapitulationen vom Zedenten erstellt werden müssen, hängt jedoch vom führenden Rückversicherer ab. Die Abrechnung enthält ferner die vom Rückversicherer zu zahlenden Provisionen und Gewinnanteile. Hat der Zedent eine Sicherheit für die Verpflichtungen des Rückversicherers als Depots einbehalten, so erscheinen auch Depotgutschriften und -belastungen sowie Zinsverrechnungen und Steuern auf Depot-Zinsen in der Abrechnung.

Die Abrechnung, die normalerweise innerhalb von 6 Wochen nach dem Quartalsende erteilt werden soll, soll vom Rückversicherer innerhalb einer meist zwei Wochen betragenden Frist geprüft werden. In der Praxis sind jedoch folgende Fristen gebräuchlich: Abrechnungserteilung: 6 Wochen bis 3 Monate nach Quartalsende; Prüfungsfrist: 2 bis 4 Wochen. Erfolgt keine Beanstandung, ist der Saldo vom Schuldner auf seine Rechnung und Gefahr spesenfrei auf das vom Gläubiger zu bezeichnende Bankkonto zu überweisen.

Wird durch die Rückversicherung ausländisches Geschäft gedeckt, wird in Originalwährung abgerechnet. In ihr werden üblicherweise auch die Salden ausgeglichen und die Reserven angelegt (Prinzip der kongruenten Deckung). Wird anders verfahren, wird also zum Beispiel aus Vereinfachungsgründen nur in einer Hauptwährung gezahlt, dann entstehen für die Parteien zusätzliche Währungsrisiken, die sich bei einer Änderung der Wechselkurse stark auswirken können.

Zum Jahresende erhält der Rückversicherer eine Aufgabe der Schadenreserve sowie eine Gewinn- und Verlustrechnung, sofern ein Gewinnanteil vereinbart wurde. Darüber hinaus erhält er eine Aufgabe der Beitragsüberträge. Ansonsten richtet sich der Beitragsübertrag nach den vertraglich vereinbarten Bestimmungen bzw. der Rechnungslegungsvorschrift. Ist eine Staffelprovision vorgesehen, wird der Provisionssatz für das betreffende Geschäftsjahr aufgrund des dann festzustellenden Schadensatzes ermittelt und dem Rückversicherer bekanntgegeben (Staffelprovisionsberechnung).

Die Erstellung der Rückversicherungsabrechnung in der Lebensrückversicherung erfordert einen nicht unerheblichen Rechenaufwand, da für jede einzelne Police die entsprechende Risikosumme bzw. Reserve bestimmt werden muß.

Die professionellen Rückversicherer sind bereit, als Dienstleistung für ihre Zedenten Bestandsdaten im Datenträgeraustausch zu übernehmen und mit Hilfe ihrer EDV die Rückversicherungsverwaltung durchzuführen und die Abrechnung zu erstellen.

3.3.4 Beitragsüberträge (Prämienreserven) und Schadenrückstellungen (Schadenreserven)

Obwohl die versicherungstechnischen Rückstellungen beim Rückversicherer nicht wesentlich anders ermittelt werden als beim Erstversicherer und deshalb hier nicht näher zu erörtern sind, können sie nicht ganz unerwähnt bleiben. So finden sich in obligatorischen Rückversicherungsverträgen Bestimmungen, die es dem Rückversicherer erlauben sollen, die Beitragsüberträge und Schadenrückstellungen für den einzelnen Vertrag wie insgesamt für seine Bilanz zu ermitteln. Die Beitragsüberträge lassen sich aus den Abrechnungen ableiten, wenn sie nicht besonders mitgeteilt werden. Bei den Schadenrückstellungen ist der Rückversicherer auf die zum Jahresende zu liefernden Informationen seiner Zedenten angewiesen. Diese Angaben können jedoch nicht einfach übernommen werden, sondern sind daraufhin zu untersuchen, ob sie richtig und vollständig sind. Besonders bei Haftpflichtschadenexzedentenverträgen, aber auch in manchen anderen Branchen, muß darauf geachtet werden, ob für noch nicht gemeldete, aber bereits angefallene Schäden hinreichend Vorsorge getroffen worden ist. Um diese beurteilen zu können, sind genaue Kontrollen der Abwicklung der Schadenrückstellungen früherer Schadenanfalljahre oder Zeichnungsjahre (zum Beispiel in der Transportversicherung) unerläßlich. Die Erfahrung hat gezeigt, daß zum Beispiel Geldentwertungen, geänderte Rechtsgrundlagen oder eine Verschärfung der Rechtsprechung zu Lasten der Versicherer die Schadenrückstellungen unzureichend werden lassen. So kann es sein, daß der Rückversicherer schließlich unter Umständen mit einem Vielfachen des ursprünglich für den Schaden geschätzten und zurückgestellten Betrages belastet werden kann. Das kommt besonders bei Schadenexzedentenverträgen nicht selten vor.

Von großer Bedeutung sind für die Bilanzen des Rückversicherers in einigen Ländern auch die Schwankungsrückstellung und die Großrisikenrückstellung, die er bei der Natur seines Geschäftes und dessen spezieller Bedrohung durch Großschäden nach den dafür geltenden Regeln sorgfältig zu bilden hat.

Zur Bedeckung der versicherungstechnischen Rückstellungen dienen Vermögenswerte, deren Erträge einen wichtigen Einnahmeposten der Rückversicherer darstellen. Dies gilt im übrigen ähnlich für Erstversicherer und die für ihren Selbstbehalt zu bildenden Rückstellungen. Es ist zu beobachten, daß recht häufig Kapitalerträge von vornherein in spekulativer Weise bei der Prämienkalkulation einbezogen werden. Man rechnet also damit, auch weiterhin die zu erwartenden versicherungstechnischen Verluste mit Kapitalerträgen ausgleichen zu können. Für den Rückversicherer bedeutet das bei proportionalen Verträgen, daß er eine zu niedrige Prämie erhalten hat. Das birgt aber Gefahren für ihn in sich, zumindest in allen Branchen, die stärkeren Schwankungen im Schadenverlauf ausgesetzt sind oder bei denen Großschäden anfallen können. Da es – wie oben ausgeführt – eine wichtige Aufgabe des Rückversicherers ist, Schwankungen im Schadenverlauf abzufangen und bei Anfall von Großschäden Schutz zu gewähren, muß die Stabilität des von ihm zu gewährenden Rückversicherungsschutzes darunter leiden, wenn ihm zugemutet wird, seine Kapitalerträge zum Ausgleich technischer Verluste einzusetzen. Dies gilt besonders auch für das schwankungsanfällige nicht-proportionale Rückversicherungsgeschäft.

3.3.5 Depot und Zinsen

Wenn sich ein Rückversicherer seinem Zedenten gegenüber zur Stellung eines Rückversicherungsdepots verpflichtet hat, so erhält der Zedent damit das Recht, die dem Rückversicherer zu zahlende Prämie nicht voll an ihn abzuführen, sondern Teile davon einzubehalten. Solche Vereinbarungen sind in der proportionalen Rückversicherung verhältnismäßig häufig; in der nicht-proportionalen Rückversicherung werden Prämienreservedepots nicht gestellt; Schadenreservedepots dagegen kommen in einigen Ländern vor, gelegentlich aufgrund gesetzlicher Vorschriften. Dem Verlangen von Zedenten nach Einbehalt von Depots für Beitragsüberträge oder Schadenreserven liegt das Bestreben zugrunde, im Falle der Beendigung des Vertrages den Anspruch auf Rückzahlung nichtverdienter Prämienanteile gegen den Rückversicherer sicherzustellen oder, bei Schadenreservedepots, die Bezahlung angefallener, aber noch nicht regulierter Schäden.

Dieses Motiv entfällt meist dann, wenn Verträge mit Rückversicherern international anerkannten Standings und ganz unzweifelhafter, ständiger Zahlungsfähigkeit abgeschlossen werden. Trotzdem werden auch in solchen Fällen, besonders bei grenzüberschreitenden Rückversicherungsbeziehungen, nicht selten Prämienanteile als Depots einbehalten, zum Beispiel dann, wenn aufsichtsrechtliche Vorschriften den Zedenten verpflichten, in seiner Bilanz alle Verpflichtungen voll (brutto) durch Werte zu bedecken, über die er selbst verfügen kann, wozu Forderungen gegen die Rückversicherer oft nicht gerechnet werden.

Der Einbehalt von Rückversicherungsdepots hat häufig zur Folge, daß dem Rückversicherer Zinsen nur mit Sätzen vergütet werden, die beträchtlich unter dem Marktzins liegen, womit sich der Zedent eine zusätzliche Einnahmequelle zu erschließen sucht, welche die Kosten der Rückversicherung senken soll. Das Kapitalanlagerisiko verbleibt bei den einbehaltenen Depots allerdings voll beim Zedenten, während es sonst vom Rückversicherer für seinen Anteil getragen wird.

Eine angemessene Verzinsung der Depots kann der Rückversicherer dann erreichen, wenn die Stellung von Wertpapierdepots statt Bardepots vereinbart wird.

3.3.6 Statistiken des Rückversicherers

Anhand der Abrechnungen und der Gewinn- und Verlustrechnungen prüft der Rückversicherer regelmäßig den Verlauf seiner Verträge. Dies hat dann besonders sorgfältig und gründlich zu geschehen, wenn er keine anderen Unterlagen mehr erhält, die Geschäftszusammensetzung und Zeichnungspolitik seiner Zedenten also nur noch nach den Ergebnissen und aufgrund von Auskünften, die ihm auf Anfrage etwa erteilt wurden, zu beurteilen vermag. Die Vertragsergebnisse werden Jahr für Jahr, etwa nach dem Schema einer Gewinn- und Verlustrechnung, pro Vertrag zusammengestellt und in einer Gesamtstatistik je Zedent erfaßt. Eine derartige Statistik bildet eine wesentliche Grundlage für die Verhandlungen des Rückversicherers wegen notwendig gewordener oder erwünschter Vertragsänderungen und erlaubt es, den wirtschaftlichen Erfolg aus den abgeschlossenen Rückversicherungsverträgen über eine längere Periode zu beurteilen.

Während überwiegend in der Sach-, HUK- und Lebensversicherung die Ergebnisse des jeweils abgerechneten Kalenderjahres in der Statistik erscheinen, wobei in einigen Ländern Anfalljahrstatistiken bevorzugt werden, müssen in der Transport- und Luftfahrtversicherung sowie in den technischen Versicherungszweigen und einigen Kredit-Kautions-Verträgen die statistischen Ziffern wegen der Eigenart der Branchen nach Zeichnungsjahren zusammengestellt werden, wobei es besonders auf die Abwicklung der Schäden jedes Zeichnungsjahres ankommt.

Die regelmäßige Kontrolle der Schadenabwicklung ist unerläßlich. Sie zeigt, ob der Zedent ausreichende Schadenreserven gestellt hat oder ob etwa infolge von Fehlbeträgen (Schadenreservemanko) die Ergebnisse bereits abgelaufener Geschäftsjahre zu günstig erschienen waren.

3.4 Beendigung des Rückversicherungsvertrages

Obligatorische Rückversicherungsverträge werden meist auf unbestimmte Zeit abgeschlossen. Zwar wird in der Regel vereinbart, daß der Vertrag durch eingeschriebenen Brief mit dreimonatiger Frist zum Ende jedes Kalenderjahres kündbar ist, doch laufen Rückversicherungsverträge meist für wesentlich längere Zeitabschnitte, oft jahrzehntelang, natürlich unter Anpassung an die sich ändernden Umstände. Längere Bindungen werden insbesondere dann eingegangen, wenn der Rückversicherer einem Zedenten, der neue Geschäftszweige aufnimmt, das Anlaufrisiko durch Aufbauprovisionen oder in anderer Weise zu tragen erleichtert.

Regelmäßig nur für 12 Monate werden fakultative Rückversicherungen abgeschlossen. Auch bei vielen nicht-proportionalen Rückversicherungsverträgen wird eine feste Laufzeit von 12 Monaten mit oder ohne Verlängerungsklausel vereinbart.

Ein außerordentliches Kündigungsrecht wird meist für die Fälle des Konkurses, der Liquidierung, des Verlustes von mehr als 50 % des Aktienkapitals und der Fusion vereinbart. Eine automatische Vertragsbeendigung wird gelegentlich für den Fall einer Unterbrechung der Postverbindungen wegen eines Krieges zwischen den Ländern vorgesehen, in denen die Parteien ihren Sitz haben.

Zur Regelung der gegenseitigen Verpflichtungen bei der Vertragsbeendigung ist zu vereinbaren, wann diese enden, für welche Schäden der Rückversicherer noch einzutreten hat und wie der rückversicherte Bestand zu behandeln ist. Es kann vertraglich festgelegt werden, daß der Rückversicherer bis zum Ablauf der rückversicherten Policen im Risiko bleibt oder daß bei länger laufenden Policen seine Haftung mit der nächsten Prämienfälligkeit erlischt. Häufiger wird aber vorgesehen, daß der Rückversicherer vom Tage der Vertragsbeendigung an für neue Schäden nicht mehr einzutreten hat und die Beitragsüberträge, sofern solche zu stellen waren, dem Erstversicherer zurückzugeben hat (Portefeuillestorno). Ist ein Depot einbehalten worden, wird es gegen die Beitragsüberträge verrechnet. Diese werden wegen des damit verbundenen Arbeitsaufwands nur ausnahmsweise pro rata temporis einzeln ermittelt. Meist werden sie pauschaliert, wobei entweder 50 % der Jahresprämie abzüglich der darauf gezahlten Rückversicherungsprovision zurückzugeben sind oder der Portefeuillerückzug nach einem der Bruchteilsysteme (1/4-, 1/8-, 1/24-System) erfolgt. Bei dem 1/24-System wird angenommen, daß alle während eines Kalendermonats fällig werdenden Prämien in dessen Mitte fällig sind.

Im Beitragsübertrag werden dann berücksichtigt: 1/24 der Januarprämie, 3/24 der Februarprämie, 5/24 der Märzprämie usw. bis 23/24 der Dezemberprämie. Der so ermittelte Gesamtbetrag wird um die Rückversicherungsprovision gekürzt. Beim 1/4-System werden jeweils die Prämieneinnahmen eines Halbjahres, beim 1/8-System die Prämieneinnahmen von drei Monaten zusammengefaßt.

Unterjährige Prämien (Ratenzahlungen) und Prämienvorauszahlungen auf mehrere Jahre sind auch bei den Pauschalmethoden angemessen zu berücksichtigen.

Da die in der nicht-proportionalen Rückversicherung vereinbarte Prämie nur für den im Vertrag festgelegten Zeitraum gilt, entsteht das Problem der Prämienabgrenzung nur bei vorzeitiger Vertragsbeendigung. Normalerweise wird dann eine Pro-rata-temporis-Regelung vorgesehen.

In der Lebensrückversicherung bleibt der Rückversicherer bis zum Ablauf der rückversicherten Police im Risiko, unabhängig davon, ob der entsprechende Rückversicherungsvertrag gekündigt ist oder nicht. Dieses Verfahren entspricht dem langfristigen Charakter eines Lebensversicherungsvertrages, bei dem der Erstversicherer dem Versicherungsnehmer eine für viele Jahre konstante Prämie garantiert.

Bei Rückversicherungsverträgen auf Normalbasis kommt hinzu, daß der Rückversicherer in der Regel eine Abschlußprovision gezahlt hat, die nur über die gesamte Policenlaufzeit amortisiert werden kann.

Die Schadenreserven sind zu Lasten des Rückversicherers abzuwickeln. Gelegentlich wird zur Vereinfachung eine Belastung der Schadenreserve vorgesehen, wobei darauf zu achten ist, ob diese voraussichtlich übersetzt, zu niedrig gestellt ist oder sonst wesentliche Unsicherheitsfaktoren enthält. In Versicherungszweigen, bei denen die Abwicklung der Schadenreserve länger dauert, wie zum Beispiel in der Haftpflichtversicherung, ist die Ablösung für beide Vertragspartner riskant und allenfalls geraume Zeit nach Vertragsende möglich.

4. Proportionale Rückversicherung

4.1 Begriffsbestimmung

Wird das rückzuversichernde Risiko zwischen Zedent und Rückversicherer nach einem festen Prozentsatz aufgeteilt, der den Anteil des Rückversicherers an der Originalprämie bestimmt sowie zugleich den Anteil an den auf die Versicherung entfallenden Schäden (Teil- oder Totalschäden), so hat sich dafür die Bezeichnung proportionale Rückversicherung eingebürgert. Sie kommt in zwei Hauptformen vor: der Summenexzedentenrückversicherung und der Quotenrückversicherung.

Eine Exzedentenrückversicherung liegt dann vor, wenn der Rückversicherer mit einem festen Prozentsatz an allen Versicherungen beteiligt wird, der den vertraglich festgelegten Selbstbehalt des Zedenten übersteigt. Beträgt dieser zum Beispiel 100.000, so ergibt sich der Anteil des Rückversicherers an Prämien und Schäden aus dem Verhältnis zwischen der Versicherungssumme von zum Beispiel 200.000 zum Selbstbehalt. Der zu überweisende und vom Rückversicherer zu übernehmende Anteil macht mithin 100.000 oder 50 % der Versicherungssumme aus. Mit diesen 50 % also ist der Rückversicherer an Prämien und Schäden, auch an Teilschäden, beteiligt, die auf die Versicherung anfallen.

Im Gegensatz dazu wird bei einer Quotenrückversicherung von vornherein für einen ganzen Versicherungsbestand oder Teile davon der Anteil des Rückversicherers prozentual ohne Rücksicht auf die Höhe der Versicherungssummen der einzelnen rückgedeckten Policen festgelegt. Wäre die vereinbarte Quotenabgabe zum Beispiel 50 %, würde sich zwar für eine Versicherung mit einer Summe von 200.000 (wie oben) dasselbe Resultat ergeben wie bei einem Exzedentenvertrag. Der fundamentale Unterschied liegt aber darin, daß Versicherungen mit 10.000, 100.000 oder 1.000.000 Versicherungssumme nach dem gebildeten Beispiel sämtlich mit 50 % rückzuversichern sind. Daraus ergibt sich, daß ein Quotenrückversicherungsvertrag nicht die ausgleichende Wirkung eines Exzedentenvertrages besitzt und deshalb oft durch weitere Rückversicherungsmaßnahmen zu ergänzen ist.

4.2 Formen der proportionalen Rückversicherung

4.2.1 Exzedentenrückversicherung

Anwendungsfälle

Die Exzedentenrückversicherung ist die älteste und wichtigste Form der proportionalen Rückversicherung. Sie wird in denjenigen Versicherungszweigen angewandt, in denen Risiken mit stark voneinander abweichenden Versicherungssummen gedeckt werden. Auch heute noch ist sie in ihrer modernen, vereinfachten und kostensparenden Ausgestaltung besonders geeignet, den notwendigen Ausgleich im Bestand des Zedenten herzustellen, der durch überdurchschnittlich hohe Schäden stets gefährdet werden kann. Am häufigsten finden wir die Exzedentenrückversicherung in der Feuer-, Einbruchdiebstahl- (ED), Unfall- und Lebensversicherung.

Beispiel zu ihrer Wirkung:

Nehmen wir an, daß bei einem Erstversicherer 1.000 Unfallversicherungen zu einer reinen Bedarfsprämie (ohne Kostenanteil und Gewinnzuschlag) von 1 ‰ für den Todesfall laufen. Er hat bei seiner Prämienkalkulation, gestützt auf statistische Unterlagen, angenommen, daß von 1.000 Versicherten alljährlich einer durch Unfall ums Leben kommt. Haben alle 1.000 Versicherte eine Summe von 20.000 versichert, so stehen 1.000 ö 20 als Prämie zur Verfügung, ein hinreichender Betrag, um den nach der Statistik zu erwartenden Schadenbedarf zu decken. Sind jedoch 800 Personen mit 20.000, 100 mit 40.000 und 100 mit 80.000 versichert, so reicht die vereinnahmte Prämie dann nicht mehr aus, wenn eine von den höher versicherten Personen verunglücken sollte. Die Prämieneinnahme beträgt nämlich

$$
\begin{aligned}
800 \times 20 &= 16.000 \\
+ 100 \times 40 &= 4.000 \\
+ 100 \times 80 &= 8.000 \\
\hline
\text{insgesamt } &28.000
\end{aligned}
$$

Der Schaden kann aber 40.000 oder sogar 80.000 beim Tod einer der höchstversicherten Personen betragen.

Durch eine Exzedentenrückversicherung ist es dem Versicherer möglich, alle Versicherungssummen, die über 20.000 hinausgehen, rückzuversichern. Er hätte dann die Summen von 40.000 zu 50 % und diejenigen von 80.000 zu 75 % in Rückdeckung zu geben und würde damit erreichen, daß er bei allen Versicherungen für seinen Selbstbehalt nur bis zu 20.000 betroffen werden kann. Die an den Rückversicherer abzuführende Prämie würde 50 % von 4.000 = 2.000 und 75 % von 8.000 = 6.000 betragen. Dem Erstversicherer verbleiben 20.000, womit er den auf seinen Selbstbehalt entfallenden Schaden decken könnte.

Bei Versicherungen gegen Invalidität würde sich grundsätzlich das gleiche Aufteilungsschema ergeben. Besonders hervorzuheben ist, daß nicht nur die Schadenfälle, die zu einer Vollinvalidität führen, sondern auch alle Teilschäden nach demselben Verhältnis zwischen Erstversicherer und Rückversicherer aufgeteilt werden, das sich aus der Aufteilung der Prämien ergibt. Würde also zum Beispiel bei einer mit 50 % rückversicherten Invaliditätsversicherung von 40.000 eine 25%ige Teilinvalidität zu entschädigen sein, so hätten Zedent und Rückversicherer je 5.000 zu tragen.

Das Beispiel zeigt, wie es die Exzedentenrückversicherung dem Erstversicherer ermöglicht, Versicherungssummen unterschiedlicher Höhe zu zeichnen und sich trotzdem für seinen Selbstbehalt einen nivellierten, ausgeglichenen Bestand zu erhalten. Es zeigt ferner, daß bei dem Rückversicherer, der alle Versicherungssummen zwischen 20.000 und 80.000 zu übernehmen hat, der in 100 Fällen 20.000 und in weiteren 100 Fällen 60.000 je versicherte Person deckt und dafür einen Prämienanteil von insgesamt 8.000 erhält, das Verhältnis von Prämieneinnahme zu Haftung (8.000 zu 60.000) wesentlich ungünstiger ist als beim Zedenten, dem 20.000 Prämie bei einer Haftung bis zu 20.000 je Person verbleiben.

Das Geschäft des Rückversicherers ist also wesentlicher stärker zufälligen Schwankungen des Schadenverlaufs ausgesetzt. Dieser Gefahr begegnet er durch den Abschluß einer möglichst großen Anzahl ähnlicher Exzedentenrückversicherungsverträge mit anderen Zedenten, wodurch er in seinem Bestand einen besseren Ausgleich zu erreichen bestrebt ist. Ferner macht er von der Weiterrückversicherung (Retrozession) Gebrauch, die in Abschnitt 6 beschrieben wird.

Selbstbehalt und Maximierung

Hat sich ein Erstversicherer entschlossen, eine Exzedentenrückversicherung zu nehmen, so ist die Festsetzung des Selbstbehalts (Maximum) für die einzelnen Risikoarten, die er in Deckung zu nehmen gedenkt, die erste und wichtigste Aufgabe. Von ihrer richtigen Lösung hängt es ab, ob durch die Rückversicherung der angestrebte Zweck, die Nivellierung der Risiken, erreicht wird.

Zunächst ist zu ermitteln, welche Risikoklassen gebildet werden, für die unterschiedliche Selbstbehalte festzulegen sind. Als Regel gilt, daß die Selbstbehalte um so niedriger bemessen werden, je höher der Gefährdungsgrad ist. In der Feuerversicherung können unterschieden werden:

- Einfache Risiken und industrielle Risiken,
- Bauart und Bedachung,
- Lage und Feuerschutzeinrichtungen,
- besondere Betriebsgefahren und besondere Feuergefährlichkeit gelagerter Waren.

Oft wird der Selbstbehalt nach der Höhe der für die Versicherung vereinbarten Prämie festgelegt.

Beispiel:
Sind etwa innerhalb einer Risikoart fünf verschiedene Prämiensätze vorgesehen, die je nach Art und Schwere des Risikos von 1 ‰ bis 5 ‰ gestaffelt sind, so könnte ein Verzeichnis der Selbstbehalte (Maximaltabelle) etwa wie folgt aufgestellt werden:

Risikoart	Prämie	Selbstbehalt
	1 ‰	300.000
	2 ‰	150.000
	3 ‰	100.000
	4 ‰	75.000
	5 ‰	60.000

Der Selbstbehalt kann entweder nach der Versicherungssumme, wie meist üblich, oder nach dem wahrscheinlichen Höchstschaden (engl.: Probable Maximum Loss = PML) festgesetzt werden; dieser pflegt besonders in der industriellen Feuerversicherung berücksichtigt zu werden. Man geht dabei davon aus, daß die Gefahr von Totalschäden bei bedeutenden industriellen Risiken praktisch kaum besteht, und versucht, aufgrund von Feststellungen über bisher bei Risiken dieser Art eingetretenen Schäden, Bauart, Feuergefährlichkeit der produzierten und sonst vorhandenen Waren und Lage der einzelnen

44

Gebäude zueinander zu ermitteln, welche Schadenquote höchstens zu erwarten ist. Eine industrielle Feuerversicherung, die beispielsweise eine Summe von 100.000.000 vorsieht, wird dann bei einer vorsichtig ermittelten angenommenen Schadenquote von 10 % hinsichtlich der Maximierung wie ein Risiko von 10.000.000 behandelt; der Selbstbehalt und die Rückversicherungsabgabe werden also nach diesem Betrag bemessen. Daß bei der Schätzung des wahrscheinlichen Höchstschadens Irrtümer auftreten können, hat die Erfahrung wiederholt bewiesen, weshalb in jedem Falle ein reichlich bemessener Sicherheitskoeffizient geboten ist.

Gegen zu starke Fehleinschätzungen des PML durch die Zedenten versuchen sich die Rückversicherer dadurch zu schützen, daß sie für krasse Fälle (z.B. bei Verschätzung um mehr als 50 %) eine Beteiligung des Zedenten am Schadenteil des Rückversicherers vereinbaren.

Die Anwendung der Maximaltabelle auf den Einzelfall muß sehr sorgfältig unter Berücksichtigung von Kumulierungsmöglichkeiten mit anderen, gleichzeitig oder vorher gezeichneten Versicherungen geschehen (Maximalkontrolle).

In der Unfallversicherung werden die Selbstbehalte für die einzelnen versicherten Gefahren (Tod, Invalidität, Tagegeld usw.) festgesetzt. Ferner wird nach Allgemeinem Unfallgeschäft, Kraftfahrtunfall-, gegebenenfalls Luftfahrtunfallversicherungen unterschieden.

In der Transportversicherung werden die Selbstbehalte jeweils besonders nach See- und Flußkaskoversicherungen, unterteilt nach verschiedenen Schiffstypen und -größen, festgelegt. Besondere Selbstbehalte gelten für die Versicherungen von Warentransporten je nach dem Gefährdungsgrad.

In der Lebensversicherung wird der Selbstbehalt für normale Risiken in der Regel als fester Betrag angegeben, vor allem im Ausland ist es auch gelegentlich üblich, diesen Betrag ab einer gewissen Altersgrenze zu reduzieren.

Die Höhe des Selbstbehaltes wird entsprechend den besonderen Gegebenheiten in der Lebensversicherung festgelegt. Da Lebensversicherungsverträge einen langfristigen Charakter haben und da in Deutschland wie in vielen anderen Ländern auch ein wesentlicher Teil der Leistung des Versicherers über die Gewinnbeteiligung an die Versicherungsnehmer erbracht wird, kommt es dem Unternehmen darauf an, die Schwankungen im Jahresergebnis gering zu halten. Der Selbstbehalt wird im wesentlichen nach dem Kriterium der Stabilität festgelegt.

Bei der Versicherung von erhöhten Risiken in der Lebensversicherung kommt dem Irrtumsrisiko bei der Einschätzung eine besondere Bedeutung zu. Deshalb ist es hier – wie auch in den Nichtleben-Sparten – häufig üblich, Selbstbehalte nach der Schwere der übernommenen Risiken abzustufen.

Der Exzedent und seine Aufteilung

Der den Selbstbehalt übersteigende Teil der Versicherung wird als Exzedent rückversichert. Dabei wird dessen Höhe dergestalt beschränkt, daß er nur eine begrenzte Anzahl von Vielfachen eines Maximums umfaßt, zum Beispiel also 20 Maxima. Eine solche

Begrenzung ist nötig, damit der Rückversicherer die Höhe seiner Übernahmeverpflichtung kennt. Auch muß ein vernünftiges Verhältnis zwischen Selbstbehalt und Rückversicherungsabgabe gewahrt bleiben; andernfalls würde das eigene Interesse des Zedenten als Versicherer zu gering sein und er in die Rolle eines nicht mehr als Risikoträger auftretenden Maklers versetzt werden.

Beispiel:
Beträgt der Selbstbehalt 100.000 und werden vertragsgemäß 9 Maxima rückversichert, so kann der Zedent 1.000.000 zeichnen. Der Rückversicherer erhält 90 % der Prämie und zahlt 90 % jedes auf die Police anfallenden Schadens, unabhängig von dessen Höhe, während 10 % beim Erstversicherer verbleiben.

Größere Erstversicherungsgesellschaften pflegen ihre Rückversicherungsverträge bei mehreren Rückversicherern zu decken und die Exzedenten prozentual unter ihnen aufzuteilen. Nicht selten wird der Anteil des einzelnen Rückversicherers am Vertrag auch in vollen Maxima oder Bruchteilen davon angegeben. Gesellschaften, die das industrielle Feuergeschäft stärker betreiben, bilden gelegentlich sogenannte zweite Exzedentenverträge, die zum Beispiel weitere 10 Maxima decken und die weniger ausgeglichen sind als die ersten Exzedentenverträge, da sie überwiegend Spitzengeschäft enthalten und meist ein ungünstigeres Verhältnis zwischen der verrechneten Rückversicherungsprämie und der Höchsthaftsumme des Rückversicherers zeigen.

Eine vereinfachte verwaltungsmäßige Behandlung von Exzedentenverträgen erlaubt das System des Gruppenexzedenten. Hier werden die rückzuversichernden Risiken in Gruppen zusammengefaßt. Der Selbstbehalt und der Exzedent werden jeweils nach oben oder unten abgerundet und mit runden Prozentsätzen der Versicherungssumme ermittelt.

Beispiel:
So können 9 Gruppen gebildet werden, beginnend mit 10 % Exzedentenabgabe und jeweils bis zu 90 % um 10 % steigend.

Die einzelnen Risiken werden gruppenweise in Register eingetragen; für jede Gruppe kann dann die Rückversicherungsprämie in einem Prozentsatz gemeinsam ermittelt werden. Bei Veränderungen der Versicherungssumme läßt sich ein Risiko leicht von einer Gruppe in die andere übertragen. Auch die Schäden können gruppenweise erfaßt und abgerechnet werden.

4.2.2 Quotenrückversicherung

Anwendungsfälle und Wirkung

Sie ist weniger verbreitet als die Exzedentenrückversicherung und findet sich hauptsächlich in der Allgemeinen Haftpflichtversicherung und in der Kraftfahrthaftpflichtversicherung, da hier in aller Regel einheitliche Deckungssummen vereinbart sind, ferner in der Kraftfahrtkaskoversicherung, in der Kreditversicherung, der Hagel-, Sturm- und Transportversicherung. Häufig wird sie mit einer Schadenexzedentenrückversicherung, manchmal auch mit einer Exzedentenrückversicherung kombiniert.

In einem obligatorischen Quotenrückversicherungsvertrag wird bestimmt, daß den zur Übernahme verpflichteten Rückversicherern alle Versicherungen eines bestimmten Versicherungszweiges oder eines Teils davon mit einem einheitlichen, festen Prozentsatz (Quote) in Rückdeckung gegeben werden. Im Gegensatz zum Exzedentenvertrag wird also die absolute Höhe der einzelnen Versicherung nicht berücksichtigt. Es wird ferner festgelegt, bis zu welchem Höchstbetrag die Quotenrückversicherung in Anspruch genommen werden darf.

Die Quotenrückversicherung hat also keine nivellierende, ausgleichende Wirkung wie die Exzedentenrückversicherung, schützt aber in sehr einfacher und wirksamer Weise gegen die Kumulierung vieler kleiner und mittlerer Schäden, die ein Schadenereignis mit sich bringen kann, etwa in der Hagel- und Sturmversicherung. Wenn sie auch in der Haftpflicht- und Kaskoversicherung häufig vorkommt, so deshalb, um dem Änderungsrisiko zu begegnen. Zwar vermag auch eine Quotenrückversicherung den Zedenten nicht auf die Dauer vor konjunkturell, strukturell oder klimatisch bedingten Änderungen zu bewahren, die etwa zu einer unvorhergesehenen Schadenhäufung (ED-Versicherung in Krisenzeiten) führen können oder die Tarife unzureichend werden lassen (Kraftfahrtversicherung bei Geldentwertung), doch erlaubt es eine hinreichende Quotenrückversicherung dem Zedenten, in Ruhe diejenigen Maßnahmen einzuleiten und durchzuführen, die zur Wiederherstellung einer gesunden Geschäftsbasis, zum Beispiel durch Ausarbeitung und Einführung neuer Tarife, nötig sind, da er nicht sogleich mit voller Wucht von den Auswirkungen der veränderten Umstände betroffen wird, die Last sich vielmehr auf mehrere Schultern verteilt.

Nimmt ein Unternehmen einen Versicherungszweig neu auf, so wird nicht selten für die Anlaufzeit ein Quotenrückversicherungsvertrag abgeschlossen, der vor zufälligen Schwankungen des Schadenverlaufs infolge der anfänglich noch geringen Zahl der abgeschlossenen Versicherungen schützt, der ferner die Entwicklungskosten zu tragen hilft und wegen seiner einfachen Handhabung rationell ist. Dies gilt besonders dann, wenn ein neugegründetes Unternehmen seinen Geschäftsbetrieb beginnt, wobei oft die vom Rückversicherer vermittelten Erfahrungen und sein sachverständiger Rat willkommen sind.

Daneben aber pflegen neue Versicherungsarten und Gefahren in Quotenform rückversichert zu werden, sei es, daß der Zedent sein eigenes Risiko zunächst stark begrenzen möchte, sei es, daß der Rückversicherer einen breiteren Ausgleich fordert, wie ihn ein Quotenrückversicherungsvertrag bietet. So überwiegt die Quotenform bei der Deckung von Atomrisiken und besitzt auch heute noch einige Bedeutung in der Luftfahrtversicherung, besonders bei den Kaskorückversicherungen von Flugzeugen. Die Rückdeckung in Quotenform ist schließlich in der Weiterrückversicherung (Retrozession) sehr verbreitet, worauf noch näher eingegangen wird (vgl. Abschnitt 6).

Wie in anderen Sparten auch wird die Quotenrückversicherung in der Lebensversicherung besonders bei neuen oder stark expandierenden Gesellschaften angewendet. Hier spielt die Rückversicherung auf Normalbasis eine besondere Rolle. Sie deckt nämlich nicht nur die besonderen Schwankungen im Schadenverlauf, die bei diesen Unternehmen auftreten, sondern sie gestattet auch eine weitgehende Beteiligung des Rückversicherers an den entstehenden Abschlußkosten.

Im übrigen werden in der Lebensrückversicherung die sogenannten erhöhten Risiken meist durch Verträge gedeckt, die sowohl Merkmale des Exzedenten- wie der Quotenrückversicherung aufweisen. Liegt eine Übersterblichkeit vor, die ein gewisses Ausmaß überschreitet, werden die erhöhten Risiken von spezialisierten Ärzten bei Rückversicherungsgesellschaften eingeschätzt. Sodann werden Zuschlagsprämien oder eine Staffelung der Versicherungsleistung (z.B. Zahlung von 25 % der Versicherungssumme bei Tod im ersten Vertragsjahr, von 50 % der Versicherungssumme bei Tod im zweiten Vertragsjahr, 75 % bei Tod im dritten Vertragsjahr und 100 % bei Tod ab dem vierten Vertragsjahr) oder andere besondere Bedingungen vorgeschlagen. Gelingt es dem Zedenten, auf dieser Grundlage zu einem Versicherungsabschluß zu kommen, so ist er vertraglich verpflichtet, den seinen Selbstbehalt übersteigenden Betrag, mindestens aber einen vertraglich festgelegten Prozentsatz der Versicherungssumme rückzuversichern.

Darüber hinaus spielt die Quotenrückversicherung eine Rolle bei der Rückversicherung neuer und unbekannter Risiken. In diesen Fällen hat der Rückversicherer häufig bei der Festlegung der Risikoprämien beraten. Rückversicherer und Zedent teilen dann über einen Quotenvertrag das Irrtumsrisiko. Ein ähnlicher Fall tritt in der Gruppenversicherung vor allem im englischen Sprachraum auf. Hier werden Gruppenversicherungen pro Gruppe individuell tarifiert. Vielfach berät hier der Rückversicherer bei der Tarifierung und übernimmt einen Quotenanteil an den Risiken.

Technische Durchführung

Die Bearbeitung der Quotenrückversicherung beim Zedenten und beim Rückversicherer ist einfach und kostensparend. Da der Selbstbehalt von vornherein in Höhe eines bestimmten Prozentsatzes für alle rückzuversichernden Risiken bis zu einem vereinbarten Höchstbetrag festgelegt wird, entfällt jeder Kostenaufwand für die Maximierung. Auch verzichtet der Rückversicherer in der Regel bei Quotenverträgen auf die Aufgabe der überwiesenen Risiken. Der Anteil, den der Rückversicherer an den Prämien erhält und an den Schäden zu tragen hat, bestimmt sich unmittelbar für den ganzen, der Quotenabgabe unterliegenden Versicherungsbestand nach der vereinbarten Quote, also zum Beispiel 30 % aller Kraftfahrthaftpflichtversicherungen.

Die Abwicklung eines Quotenvertrages zwischen Zedent und Rückversicherer ist also wesentlich einfacher als bei einem Exzedentenvertrag, bei dem Rückversicherungsprämien und Schäden für jede einzelne rückversicherte Police zu ermitteln und bei den Abrechnungen mit dem Rückversicherer zu berücksichtigen sind (vgl. Abschnitt 4.2.1, Gruppenexzedent).

4.2.3 Quotenexzedenten-Rückversicherung

Quoten- und Exzedentenvertrag werden in der Praxis häufig in Form von Quotenexzedenten-Verträgen miteinander verbunden. Unter diesem Ausdruck versteht man einen Rückversicherungsvertrag, mit dem vom Erstversicherer die Risiken aus einer bestimmten Sparte durch eine Kombination des Quoten- und des Exzedentenvertrages an den Rückversicherer zediert werden. Je nachdem, welche Vertragsart rechnerisch zuerst zum Zuge kommt, sprechen wir von einem Quotenexzedenten-Vertrag mit Vorweg-Quote oder mit Vorweg-Exzedent.

Diese Kombination, welche die Finanzierungsfunktion des Quotenvertrages und die Kapazitäts- und Homogenisierungsfunktion des Summenexzedentenvertrages miteinander verbindet, kann optimal an die Bedürfnisse des Erstversicherers angepaßt werden. Will der Zedent diese Funktionen mit einer der beiden Arten allein erreichen, so muß er seinen Selbstbehalt sehr niedrig ansetzen, was die Abgabe eines hohen Anteils seiner Prämieneinnahme an den Rückversicherer zur Folge hat.

Quotenexzedenten-Rückversicherungsverträge werden oft von jungen und noch kleinen Erstversicherern abgeschlossen, die einen großen Produktionszuwachs zu verzeichnen haben, oder von Gesellschaften, die einen neuen Geschäftszweig aufnehmen oder ihre Tätigkeit auf ein neues Land ausdehnen wollen.

Die Quotenexzedenten-Rückversicherungsverträge stellen eine Mischung der Formen der proportionalen Rückversicherung dar, die häufig nur für eine gewisse Übergangzeit Verwendung findet. An ihre Stelle tritt meistens ein Summenexzedenten-Rückversicherungsvertrag, sobald der Versicherungsbestand des Erstversicherers größer und summenmäßig homogener geworden ist. Diese Ersatz-Rückversicherungsverträge werden im allgemeinen mit den bisherigen Rückversicherern abgeschlossen, was administrativ leichter ist und Kosten spart. Der Rückversicherer seinerseits wird aufgrund seiner guten Kenntnisse des Portefeuilles des Zedenten eher bereit sein, dem Erstversicherer günstige Vertragsbedingungen einzuräumen.

Der Quotenexzedenten-Rückversicherungsvertrag mit Vorweg-Quote ist eine Vertragskombination, bei der die Betonung auf der Finanzierungsfunktion liegt. Er wird hauptsächlich in Sparten angewandt, in denen der Erstversicherer im Normalfall zwar nicht hohe, aber für ihn doch bedeutende Engagements läuft. Das Schwergewicht der Rückversicherungsoperationen liegt daher bei der Quote, eine zusätzliche Exzedentenabgabe entlastet den Zedenten von einzelnen, im Vergleich zu den normalen Risiken des Bestandes besonders hohen Versicherungssummen.

Beispiel:
Versicherungssumme 200.000, Quotenabgabe 50 %, Bruttoselbstbehalt 100.000, Nettoselbstbehalt 10.000, Exzedentenabgabe 9 Maxima à 10.000 = 90.000.

Der Quotenexzedenten-Rückversicherungsvertrag mit Vorweg-Exzedent ist eine Vereinbarung, die besagt, daß ein sogenannter Bruttoselbstbehalt gebildet wird. Versicherungssummen, die diesen Selbstbehalt übersteigen, entfallen auf den Summenexzedentenvertrag, wobei dieser Vertrag, wie stets üblich, mit einem Vielfachen des Bruttoselbstbehaltes begrenzt wird.

Da der Bruttoselbstbehalt den für eigene Rechnung festgelegten Selbstbehalt des Erstversicherers überschreitet, wird die Differenz als Quote rückversichert. Wenn der Erstversicherer in der Folgezeit seinen Nettoselbstbehalt anheben möchte, wird nur die Quotenabgabe aus dem Bruttoselbstbehalt reduziert, während der Exzedentenvertrag unverändert bleiben kann.

Beispiel:

Versicherungssumme 200.000, Bruttoselbstbehalt 20.000, Exzedentenabgabe 9 Maxima à 20.000 = 180.000, Nettoselbstbehalt 10.000, somit Quote von 50 % aus dem Bruttoselbstbehalt.

In beiden Fällen haftet also der Rückversicherer insgesamt für 190.000.

4.3 Provision und Gewinnanteil

4.3.1 Die Rückversicherungsprovision

Die feste Provision

Feste Provisionen werden dem Zedenten in der Exzedenten- und Quotenrückversicherung zur Abgeltung der dem Erstversicherer für den rückversicherten Anteil entstehenden Kosten vergütet. Die in Prozenten der Prämie ausgedrückte Rückversicherungsprovision ist je Zedent und Sparte und auch von Land zu Land verschieden hoch. Neben niedrigen Sätzen von 15–20 % finden sich auch Sätze von 45–50 %; sie sind stets entscheidend von der Kostenlage des Zedenten beeinflußt und können außerdem von dem zu erwartenden Verlauf des rückversicherten Geschäftes abhängen. Letzteres kann im Extremfall dazu führen, daß überhaupt keine Rückversicherungsprovision gewährt wird.

Die für Quotenrückversicherungsverträge vereinbarten Provisionen liegen meist über denjenigen für Exzedentenverträge, obwohl ihre Bearbeitung und Durchführung einfach und kostensparend ist; doch werden durch Quotenrückversicherungsverträge in der Regel auch zahlreiche Versicherungen erfaßt, deren Erwerb prozentual höhere Kosten verursacht. Der Rückversicherer bewilligt aber auch deshalb höhere Provisionen für Quotenverträge, weil er ausgeglichenere Ergebnisse erwarten kann.

Die Staffelprovision

Der mit der Vereinbarung einer festen Provision und eines Gewinnanteils verfolgte Zweck wird auch mit der Staffelprovision angestrebt. Von einer Grundprovision ausgehend, wird vorgesehen, daß die Provision allmählich mit sinkender Schadenquote ansteigt. In der Praxis wird häufig statt des Wortes ,,Schadenquote" in synonymer Bedeutung (= Schadenaufwand im Verhältnis zur verdienten Prämie) das Wort ,,Schadensatz" gebraucht. Die Kostenvergütung des Rückversicherers wird also um so höher, je günstiger das Ergebnis für ihn ist.

Beispiel:

Schadenquote	Provision
65 % und höher	30 %
63 %	31 %
61 %	32 %
59 %	33 %
57 %	34 %
55 %	35 %
53 %	36 %
51 %	37 %
49 %	38 %
47 %	39 %
45 % und niedriger	40 %

Bei einer solchen Staffel würde also unabhängig vom Ergebnis stets mindestens eine Provision von 30 % geschuldet. Die Gewinnmarge des Rückversicherers beträgt bei 65 % Schadenquote 5 %, bei einer 10 Punkte günstigeren Schadenquote (55 %) aber nicht 15 %, wie bei einer festen Provision von 30 %, sondern nur 10 %. Der Rückversicherer vergütet also dem Zedenten zusätzlich zur Grundprovision die Hälfte seines 5 % übersteigenden Gewinns, wenn die Schadenquote niedriger als 65 % liegt.

Die Staffelprovision laut Beispiel wirkt somit bei Schadenquoten zwischen 65 % und 45 % ebenso wie die Vereinbarung einer festen Provision von 30 % und eines Gewinnanteils von 50 % unter Einsetzung von 5 % Verwaltungskosten des Rückversicherers, solange die Schadenquoten nicht noch unter 45 % liegen.

Bei der Staffelprovision wird der Verlauf der Vorjahre meist nicht berücksichtigt, wie dies beim Gewinnanteil der Fall ist; ein Verlust aus den Vorjahren wird also oft nicht vorgetragen, doch gibt es mehr und mehr Vereinbarungen, nach denen Über- oder Unterschadenvorträge berücksichtigt werden. Dabei handelt es sich um die Schadenbeträge, die von der vereinbarten Staffelskala nicht erfaßt werden. Sind die Schäden insgesamt höher als die höchste Schadenquote, werden diese Schäden als sogenannte Überschäden auf das nächste Geschäftsjahr vorgetragen; entsprechend wird mit den Schäden verfahren, die unter der niedrigsten Schadenquote liegen, den sogenannten Unterschäden.

Generell sollte ebenfalls eine Schadenreserveabwicklungsklausel vereinbart werden, so daß bei unzureichend gestellten Schadenreserven mit der Folge einer zu günstigen Schadenquote und einer entsprechend zu hohen Provisionsleistung Berichtigungen nach Beendigung des Vertrages vorgenommen werden. Auch können schon während der Vertragslaufzeit Schadenreserven, die zunächst zu hoch gestellt und später berichtigt werden, entgegen dem Zweck der Staffelprovision zu hohe Provisionssätze im Jahre der Berichtigung entstehen lassen, die dem endgültigen Schadenverlauf dieses Geschäftsjahres nicht entsprechen. Auch ein solcher Sachverhalt wird durch diese Klausel korrigiert.

Vereinbarungen über Staffelprovisionen empfehlen sich daher nicht, wenn die Schätzung richtiger Schadenreserven schwierig ist oder wenn die Abwicklung der Schadenreserven längere Zeit beansprucht, wie in der Haftpflichtversicherung, oder wenn der Schadenverlauf stärkeren Schwankungen unterliegt, wie etwa in der Hagelversicherung.

Da die Staffelprovision bereits einen Gewinnanteil enthält, ist die zusätzliche Vereinbarung eines besonderen Gewinnanteils ungerechtfertigt, kommt aber trotzdem gelegentlich vor.

4.3.2 Der Gewinnanteil

Berechnungsschema

Der Gewinnanteil wird nach folgendem Schema jährlich ermittelt:

Einnahmen	Ausgaben
1. Prämienüberträge am Ende des Vorjahres	4. Prämienüberträge am Ende des laufenden Jahres
2. Schadenreserven am Ende des Vorjahres	5. im laufenden Jahr bezahlte Schäden
3. Prämien des laufenden Jahres	6. Schadenreserven am Ende des laufenden Jahres
	7. Rückversicherungsprovisionen
	8. x % Verwaltungskosten
	9. etwaige Verluste aus den Vorjahren bis zur Tilgung

Der verdienten Prämie (Punkte 1 plus 3 minus 4) wird also unter Abzug der Rückversicherungsprovision die Schadenbelastung des laufenden Jahres (Punkte 5 plus 6 minus 2) gegenübergestellt, die unter Berücksichtigung der in den bezahlten Schäden und in den Schadenreserven (einschließlich Rentenreserven) enthaltenen Abwicklungsgewinne oder -verluste der Vorjahre ermittelt wird. Dabei werden die Prämienüberträge häufig mit einem zwischen 30 % und 40 % der verrechneten Prämie liegenden Satz pauschaliert. Von dem Ergebnis wird noch ein Abzug für die eigenen Verwaltungskosten des Rückversicherers vorgenommen, der meist zwischen 2 % und 5 % der Prämie liegt. Dieser Abzug ist notwendig, um den die Grundlage des Gewinnanteils bildenden wirklichen Gewinn des Rückversicherers zu ermitteln, der sich erst nach Berücksichtigung der bei ihm entstehenden Verwaltungskosten ergibt. Durch den vorgesehenen Verlustvortrag wird angestrebt, daß ein Gewinnanteil nur von echten Gewinnen gezahlt wird. Diese liegen nicht vor, wenn der Rückversicherungsvertrag in den Vorjahren Verluste ergeben hat, die höher als der Gewinn des Geschäftsjahres sind. Gelegentlich wird allerdings in den Sachbranchen, in denen die Schadenreserven in verhältnismäßig kurzer Zeit abgewickelt werden können, der Verlustvortrag auf 2–3 Jahre beschränkt. Es kommt auch vor, daß der Gewinnanteil über eine 3- oder 5jährige Vertragsperiode errechnet wird, dies entweder mit oder ohne Verlustvortrag auf die jeweils anschließende Vertragsperiode.

Höhe des Gewinnanteils

Von dem laut Schema ermittelten Ergebnis wird der Gewinnanteil errechnet, der meist zwischen 10 % und 20 % dieses Ergebnisses liegt. Je unausgeglichener ein Vertrag verläuft, um so niedriger pflegt der Gewinnanteil zu sein. Auch höhere Gewinnanteilsätze kommen gelegentlich vor, sind aber nicht unbedenklich, da der erzielte Gewinn des Rückversicherers aus dem einzelnen Vertrag nicht zu stark beschnitten werden darf. Würde dies geschehen, so könnte der Rückversicherer sein Bestreben nicht verwirklichen, Verluste in schlechten Jahren, die oft recht bedeutend sein können, durch Gewinne in guten Jahren auszugleichen und negative Ergebnisse aus einzelnen Verträgen, Branchen oder Geschäftsgebieten mit anderwärts erzielten Überschüssen zu kompensieren.

Gelegentlich finden sich auch gestaffelte Gewinnanteile, zum Beispiel dergestalt, daß von Gewinnen bis zu 10 % der dem Rückversicherer überwiesenen Prämien 10 % Gewinnanteil, von Gewinnen, die 10 % übersteigen, 20 %, und von Gewinnen, die 20 % übersteigen, 30 % Gewinnanteil zu entrichten sind.

Auch kommt es vor, daß nach einem ersten Gewinnanteil bei hohen Gewinnsätzen noch ein zweiter, sogenannter Supergewinnanteil vereinbart wird, wofür allerdings Voraussetzung ist, daß ein gut ausgeglichener Vertrag vorliegt.

Schadenreserve-Abwicklungsklausel

Diese bei Vereinbarungen über einen Gewinnanteil vorzusehende Klausel besagt, daß der Gewinnanteil nach Ablauf des Vertrages je nach der Abwicklung der Schadenreserve zu berichtigen ist. War die in das Gewinnanteilschema des letzten Vertragsjahres eingesetzte Schadenreserve zu niedrig, ergeben sich also nachträglich noch Abwicklungsverluste, so sind dem Rückversicherer die zu Unrecht bezogenen Gewinnanteile zurückzuvergüten; war sie zu vorsichtig bemessen und ergeben sich Abwicklungsgewinne, erhält der Zedent auch auf diese noch den vereinbarten Gewinnanteil.

5. Nicht-proportionale Rückversicherung

5.1 Allgemeine Übersicht

Bei den bisher behandelten Rückversicherungsformen verhielt sich der Aufwand für den Schaden aus den rückversicherten Policen proportional zur Aufteilung der Versicherungssummen und Prämien zwischen Zedent und Rückversicherer.

Das Wesen der nicht-proportionalen Rückversicherung liegt dagegen gerade darin, daß die Leistung des Rückversicherers ausschließlich durch die Höhe des Schadens bestimmt wird, daß also keine proportionale Aufteilung des einzelnen Risikos und der dafür erhobenen Prämie stattfindet. Die Prämie für diese Rückversicherungsart wird vielmehr in der Regel als ein Prozentsatz der aus dem rückversicherten Bestand vom Rückversicherten vereinnahmten Jahresprämie festgesetzt. Insofern handelt es sich bei der nicht-proportionalen Rückversicherung nicht um eine Zession; die Bezeichnung Zedent ist daher hier strenggenommen nicht angebracht.

Die nicht-proportionale Rückversicherung ist zwar schon im vorigen Jahrhundert gelegentlich verwandt worden, doch kommt sie erst seit dem Ersten Weltkrieg neben den damals noch weit überwiegenden klassischen Formen der Exzedenten- und Quotenrückversicherung etwas häufiger vor. Parallel mit der stürmischen Entwicklung der Kraftfahrthaftpflichtversicherung aber wurde sie immer öfter angewandt und hat seitdem auch in andere Versicherungszweige, auch als Schutzmaßnahme gegen Kumulierungen und Katastrophenschäden, Eingang gefunden.

Während ursprünglich Lloyd's in London die verschiedenen Formen der nicht-proportionalen Rückversicherung nahezu allein anbot, werden nun derartige Verträge schon seit langem von allen professionellen Rückversicherungsgesellschaften in beträchtlichem Umfang gezeichnet. Dagegen betreiben Erstversicherer diese Rückversicherungsart seltener, denn sie setzt ein besonderes Maß an spezieller Sachkunde voraus. Sie kann auch nur mit Aussicht auf Erfolg betrieben werden, wenn eine größere Anzahl derartiger Verträge in einem Bestand vereinigt werden kann, ist aber auch dann noch der Gefahr hoher Verluste wesentlich stärker ausgesetzt als die proportionale Rückversicherung.

Nicht-proportionale Rückversicherungsverträge werden hauptsächlich von professionellen Rückversicherern angeboten. Auch haben hier die Rückversicherungsmakler ein weites Betätigungsfeld gefunden.

Bei der nicht-proportionalen Rückversicherung lassen sich zwei Hauptformen unterscheiden:

(1) die Schadenexzedentenrückversicherung (englisch: Excess Loss, abgekürzt XL);

(2) die Jahresüberschadenrückversicherung (englisch: Stop Loss, abgekürzt SL).

Die Schadenexzedentenrückversicherung kann man einteilen in Deckungen pro Risiko, Deckungen für den Kumulfall und Deckungen pro Schadenereignis. Allen Formen gemeinsam ist, daß der Rückversicherte einen Betrag oder, bei der Stop-Loss-Deckung, einen Prozentsatz seiner Jahresprämie festsetzt, bis zu dem er für die Schäden selbst aufkommt. Dieser Betrag wird Priorität genannt. Den darüber hinausgehenden Schaden übernimmt der Rückversicherer bis zur Höhe eines bei (1) betragsmäßig, bei (2) wiederum als Prozentsatz der Jahresprämie des Rückversicherten (gegebenenfalls zusätzlich begrenzt durch einen Höchstbetrag) festgesetzten Übernahmemaximums (der Haftung des Rückversicherers oder Haftstrecke).

Wird ein besonders hoher Rückversicherungsschutz benötigt, zum Beispiel für einen Bestand von der Höhe nach sehr großen Kraftfahrt-Haftpflichtversicherungen oder bei der Deckung gegen Naturkatastrophen, so werden nicht selten mehrere Schadenexzedentenversicherungen nacheinander geschaltet, wobei die Summe aus Priorität und Haftstrecke des ersten Abschnitts die Priorität der zweiten Schadenexzedentendeckung bildet usw.

Beispiel:

Priorität des Zedenten	100.000
Haftung des ersten Schadenexzedenten	400.000
Priorität des zweiten Schadenexzedenten	500.000
Haftung des zweiten Schadenexzedenten	1.000.000
Priorität des dritten Schadenexzedenten	1.500.000
Haftung des dritten Schadenexzedenten	2.000.000

Ein weiterer Grund für die Aufteilung der Rückversicherung in verschiedene Haftungsabschnitte (Layer) kann die Trennung in einen unteren Bereich sein, bei dem regelmäßig mit Schäden zu rechnen ist (einen sogenannten working cover), und den Katastrophenbereich, in den nur ganz außergewöhnliche Schäden hineinragen. Teilweise gibt es für diese Bereiche auch unterschiedliche Rückversicherungsmärkte. Je nach ihrer Zeichnungspolitik bevorzugen manche professionelle Rückversicherer den einen oder den anderen Bereich, während es bei Lloyd's sogar Syndikate gibt, die nur Katastrophendeckungen zeichnen.

5.2 Formen der nicht-proportionalen Rückversicherung

5.2.1 Schadenexzedentenrückversicherung

Sie übernimmt den prioritätsüberschreitenden Schaden, der bei einem Schadenereignis auf ein Risiko anfällt (Risiko-XL), oder sie trägt als Kumulschadenexzedent die Summe aller Schäden eines Schadenereignisses, soweit die Priorität überschritten wird, sofern mindestens eine vertraglich vereinbarte Anzahl von Policen oder Risiken von diesem Ereignis betroffen ist. Sie kann aber auch als Ereignisschadenexzedent die Summe aller Schäden aus einem Schadenereignis betreffen, unabhängig davon, ob dieses Ereignis bei einer oder mehreren Policen oder Risiken Schäden verursacht hat. Beim Kumulschadenexzedenten ist die Priorität so hoch festgesetzt, daß sie von einem Schaden aus einer Police nicht überschritten werden kann. Ein solcher Vertrag bildet oft eine zweckmäßige Ergänzung zu Exzedenten- und Quotenverträgen und schützt den Rückversicherten vor Kumulierungen, besonders in der Feuer- und Sturmversicherung, aber auch in der Kraftfahrtkasko- und Transportversicherung.

So haben sich Schadenexzedenten gegen die Kumulierung aus Kraftfahrtkaskoversicherungen sehr bewährt. Sie wurden zum Beispiel durch die Sturmflutkatastrophe an der deutschen Nordseeküste vom Februar 1962 in verschiedenen Fällen bis zur Höhe des Übernahmemaximums des Rückversicherers in Anspruch genommen. Die Überschwemmungsgefahr war erst kurz zuvor auch für Teilkaskoversicherungen bedingungsgemäß eingeschlossen worden, was sich plötzlich wider Erwarten als eine sehr schwerwiegende Erweiterung des Versicherungsschutzes erwies und eine bis dahin nicht vorhandene zusätzliche Kumulgefahr begründete.

Hier zeigt sich zugleich die besondere Gefahr, die bei Schadenexzedentenverträgen durch Risikoerweiterungen entstehen kann, seien sie vom Rückversicherten gewollt oder lediglich konjunkturell bedingt. Sie müssen dem Rückversicherer angezeigt werden, um ihm zu erlauben, die gewährte Deckung den veränderten Umständen anzupassen. Um solche notwendigen Anpassungen sicherzustellen, werden Schadenexzedentenverträge zum Beispiel vom englischen Markt meist nur mit einjähriger Dauer ohne Verlängerungsklausel abgeschlossen.

Ob eine Schadenexzedentendeckung zweckmäßig oder überhaupt möglich ist, hängt wesentlich von den Besonderheiten des Versicherungszweiges, von etwaigen Eigenarten des speziell rückzudeckenden Versicherungsbestandes und von einer befriedigenden Lösung der Prämienfrage ab.

Verhältnismäßig häufig finden wir die Schadenexzedentenrückversicherung in Versicherungszweigen, bei denen im allgemeinen nur kleinere bis mittlere Schäden entstehen und Großschäden nur ausnahmsweise anfallen, wie in der Allgemein Haftpflicht- und Kraftfahrt-Haftpflichtversicherung, die bei Deckungssummen in Millionenhöhe beispielsweise in Deutschland im Jahre 1996 einen Schadendurchschnitt von 2.406 DEM und von 6.164 DEM aufwiesen.

In Haftpflicht-Schadenexzedentenverträgen pflegen Risiken, bei denen die Wahrscheinlichkeit, daß hohe Schäden entstehen, überdurchschnittlich groß ist, von der Deckung ausgenommen zu werden. Unter die entsprechenden Ausschlußklauseln fallen zum Beispiel Eisenbahnen, Tunnelbauten, Herstellung und Verwendung von Sprengstoffen, Gaswerke und Schiffswerften.

Enthält ein rückversicherter Bestand eine größere Anzahl derartiger Risiken, kann auf die Ausschlußklausel unter Umständen dann verzichtet werden, wenn die Prämie für die Schadenexzedentendeckung entsprechend der wesentlich größeren Gefahr in ausreichendem Maße erhöht wird. Deckt der Rückversicherte diese Risiken aber nur gelegentlich oder handelt es sich um neuartige Gefahren, ist eine fakultative Rückversicherung vorzuziehen.

In anderen Versicherungszweigen, zum Beispiel in der Feuerversicherung, weichen die Gefährdungsgrade der einzelnen Risiken stark voneinander ab, zugleich entstehen je nach Zusammensetzung des einzelnen Versicherungsbestandes Schäden sehr unterschiedlicher Höhe. Schadenexzedentenverträge pro Risiko waren deshalb in der Feuerversicherung ziemlich selten, finden sich aber in letzter Zeit häufiger. Im allgemeinen wird versucht, sie auf einigermaßen homogene Teilbestände, so zum Beispiel das Hausratgeschäft oder einfache Risiken bis zu einer gewissen Größe, zu begrenzen oder sie zusätzlich zum Schutze des unter einer Summenexzedenten-Rückversicherung verbleibenden Selbstbehaltes zu vereinbaren.

Die Schadenexzedentenrückversicherung gewinnt in jüngster Zeit auch in der Personenversicherung zunehmend an Bedeutung. Dies gilt in Deutschland vor allem für die Krankenversicherung, wo diese Rückversicherungsform hauptsächlich zum Schutz gegen Großschäden und für besondere Deckungen, wie zum Beispiel Auslandsreise-Krankenversicherungen, abgeschlossen wird. Als Großschäden werden außerordentlich hohe Behandlungskosten für einen einzelnen Versicherten bezeichnet, die beispielsweise bei Dialyse- oder Haemophiliepatienten (Blutern) und Organtransplantationen entstehen.

In der Lebensrückversicherung finden sich Schadenexzedentendeckungen in der Regel nur zum Schutz gegen Kumulrisiken. Rückversichert wird hier der Fall, daß mehrere Personen durch ein Unfallereignis bzw. eine Naturkatastrophe getötet werden. In den entsprechenden Rückversicherungsverträgen wird neben der Priorität und Haftstrecke auch die Mindestanzahl der betroffenen Personen festgelegt, bei der die Deckung zum Zuge kommt.

Nicht selten werden Schadenexzedentenverträge neben oder zusammen mit Quoten- und Exzedentenrückversicherungsverträgen abgeschlossen. Wird nur der in solchen Verträgen festgelegte Selbstbehalt durch den Schadenexzedentenvertrag geschützt, ist dieser also für eigene Rechnung genommen, so hat der Rückversicherte die Rückversicherungsprämie aus seiner Selbstbehaltsprämie aufzubringen. Leistungen der Schadenexzedentenrückversicherer entlasten nur seinen Selbstbehalt. Der Rückversicherte ist verpflichtet, seinen Quoten- oder Exzedentenrückversicherern den Abschluß einer solchen Deckung für eigene Rechnung anzuzeigen, weil die Höhe des Selbstbehaltes ein wesentlicher Vertragspunkt und oft entscheidend für den Entschluß des Rückversicherers ist, eine Quoten- oder Exzedentenrückversicherung zu gewähren.

Eine Schadenexzedentenrückversicherung kann jedoch auch für gemeinsame Rechnung des Erstversicherers und seiner Quotenrückversicherer oder zum Schutz der Quoten- oder Exzedentenrückversicherer genommen werden. Erklären sie sich damit einverstanden, so haben sie im Verhältnis ihres Anteils die Prämie für den Schadenexzedenten mitzutragen und werden dementsprechend auch durch Leistungen des Schadenexzedentenrückversicherers mit entlastet.

5.2.2 Jahresüberschaden-Rückversicherung

Bei dieser Rückversicherungsform (engl.: Stop Loss) erstrebt der Rückversicherte einen umfassenden Schutz gegen Schwankungen des Schadenverlaufs eines Versicherungszweiges oder eines Teilbestandes. Der Rückversicherer verpflichtet sich bei solchen Verträgen, denjenigen Schaden zu ersetzen, der eine meist als Prozentsatz der verdienten oder verbuchten Jahresprämie oder der versicherten Summen ausgedrückte Priorität übersteigt. Dabei bleibt außer Betracht, ob die Priorität überschritten wurde, weil sich kleine und mittlere Schäden gehäuft haben, oder ob hohe Einzelschäden angefallen sind. Gelegentlich werden Priorität und Haftung auch in absoluten Zahlen ausgedrückt, zumindest wird die Haftung des Rückversicherers durch einen festen Betrag begrenzt.

Derartige Verträge sind selten. Die häufigsten Anwendungsfälle finden sich bei der Versicherung von Elementargefahren, z.B. Sturm, Überschwemmung und Hagel. In anderen Branchen sind Stop-Loss-Verträge unüblich. Sie bergen für den Rückversicherer nicht unerhebliche Gefahren in sich. Ihr Verlauf kann in unvorhersehbarer und unkontrollierbarer Weise von Änderungen der Zeichnungspraxis des Rückversicherten sowie von konjunkturellen Schwankungen beeinflußt werden.

Bei der Festsetzung der Priorität ist sicherzustellen, daß dem Rückversicherten nicht etwa auch bei ungünstigem Geschäftsverlauf ein sicherer Gewinn garantiert wird, sondern daß er in jedem Fall einen Verlust erleidet, bevor der Rückversicherungsvertrag zum Zuge kommt. Die Verwaltungskosten des Erstversicherers müssen deshalb richtig und vollständig berücksichtigt werden.

Beispiel:
Der durchschnittliche Schadensatz eines rückversicherten Bestandes in den letzten 10 Jahren belief sich auf 50 %, bei Erwerbs- und Verwaltungskosten des Rückversicherten von 30 %, die Priorität beträgt 75 %, die Höchsthaftung des Rückversicherers 45 %, die Rückversicherungsprämie 5 %.

Beträgt der Schadensatz z.B. 100 %, so hätte der Rückversicherer 25 % der Jahresprämie zu leisten. Unter Berücksichtigung der Rückversicherungsprämie hätte der Rückversicherte einen Verlust von 10 % erlitten. Derselbe Verlust würde bei allen Schadensätzen zwischen 75 % und 120 % auftreten.

In der Hagelrückversicherung werden Priorität und Haftung des Rückversicherers häufig nicht im Verhältnis zur Prämie, sondern im Verhältnis zur Versicherungssumme ausgedrückt. Hagelversicherungsvereine auf Gegenseitigkeit haben schon sehr früh mit Erfolg versucht, ihre Rückversicherung durch Jahresüberschadenverträge zu ordnen, auch um ihre Mitglieder soweit wie möglich vor den unter Umständen hohen Nachschußleistungen zu schützen, die im Konkurrenzkampf mit den Unternehmen, die gegen feste Prämie versichern, nachteilig wirken können.

5.3 Die Haftung des Rückversicherers

Die Haftung aus einem Schadenexzedentenvertrag ist immer auf den Schadenfall ausgerichtet; da man aber davon ausgehen muß, daß ein Vertrag innerhalb eines Jahres mehrmals von Schäden getroffen werden kann, stellt der Rückversicherer die Haftstrecke in der Regel mehrmals zur Verfügung, in manchen Fällen sogar unbegrenzt (Wiederauffüllung der Haftstrecke).

Anstelle der Angabe der Anzahl der Wiederauffüllungen findet man oft ein Jahreslimit, das die maximale vom Rückversicherer innerhalb eines Jahres übernommene Haftung angibt. Bei Schadenexzedenten pro Risiko, die unbegrenzte Wiederauffüllungen zur Verfügung stellen, wird oft ein Ereignislimit vereinbart. Es begrenzt zwar nicht die Anzahl der Ereignisse, für die der Rückversicherer haftet, jedoch wird die maximale Haftung des Rückversicherers aus einem Ereignis, das ja mehrere Risiken treffen kann, limitiert. Regelungen dieser Art sind z.B. in der Wohngebäudeversicherung in solchen Ländern üblich, wo die Erdbebengefahr mitgedeckt ist.

Ist der Rückversicherte bereit, auch für prioritätsüberschreitende Schäden mit einem Anteil von beispielsweise 5 % oder 10 % aufzukommen, was sein Interesse an einer sorgfältigen Schadenregulierung wachhalten soll, so wird dies im Preis berücksichtigt. Davon zu unterscheiden ist die Garantie des Rückversicherten, einen bestimmten Anteil des Rückversicherungsvertrages selbst zu behalten, also unplaziert zu lassen. Hierdurch verringert sich die übernommene Haftung des Rückversicherers nicht.

Daneben kann die Schadenbeteiligung des Erstversicherers aber auch dergestalt erhöht werden, daß die Leistung des Rückversicherers erst dann einsetzt, wenn die Summe der die Priorität bei den Schäden eines Jahres übersteigenden Schadenanteile mindestens einen vertraglich festgesetzten Betrag überschreitet. Eine solche zusätzliche Beteiligung des Rückversicherten an den Exzeßschäden nennt man Aggregatfranchise oder Jahresabzugsfranchise. Gelegentlich wird sie nicht als fester Betrag, sondern als Prozentsatz der Basisprämie des geschützten Versicherungszweiges vereinbart, um dem mit wachsendem Portefeuille zunehmenden Exposure Rechnung zu tragen. Aggregatfranchisen findet man vor allem bei Schadenexzedenten mit sehr niedriger Priorität, in denen man regelmäßig mit Schäden rechnen muß.

5.4 Die Prämie

5.4.1 Die Prämienermittlung

Während der Rückversicherer bei der proportionalen Rückversicherung die anteilige Originalprämie erhält und dem Zedenten hierauf eine Provision erstattet, wird bei der Schadenexzedenten- und Stop-Loss-Deckung die Rückversicherungsprämie losgelöst vom einzelnen Originalrisiko pauschal für das gesamte geschützte Portefeuille berechnet. Der Kostenfaktor des Rückversicherten bleibt unberücksichtigt. Eine Rückversicherungsprovision wird nicht vergütet. Die Schadenexzedentenprämie setzt sich aus verschiedenen Bestandteilen zusammen:

(1) Ausgangspunkt ist die reine Risikoprämie, die erforderlich ist, um die erwarteten Rückversicherungsschäden zu bezahlen.

(2) Da der Schadenverlauf von nicht-proportionalen Rückversicherungsverträgen im allgemeinen von Jahr zu Jahr starken Schwankungen unterliegt mit entsprechenden Unsicherheiten bei der Prämienkalkulation, ist ein Sicherheitszuschlag auf die reine Risikoprämie erforderlich. Die Höhe des Sicherheitszuschlags ist abhängig von der geschützten Sparte, der Priorität und Haftstrecke sowie von der Größe und Ausgeglichenheit des Portefeuilles.

(3) Ferner müssen durch die Prämie die externen Kosten gedeckt werden, die dem Rückversicherer eventuell entstehen, wie etwa Maklercourtage und Steuern.

(4) Sofern der Rückversicherer für diese Sparte Retrozessionsschutz benötigt (siehe Abschnitt 6), sind die anteiligen Schutzdeckungskosten zu berücksichtigen.

(5) Schließlich sind in die Prämie noch die internen Betriebskosten des Rückversicherers und der Gewinn, den der Rückversicherer zur Verzinsung seines Kapitals erzielen muß, einzurechnen.

Das bei der Kalkulation der Prämie für eine Schadenexzedentendeckung, auch Quotierung genannt, zu lösende Problem besteht in erster Linie darin vorauszuberechnen, wie häufig bei einem nach dem Gefährdungsgrad und den Versicherungssummen mehr oder weniger homogenen Bestand hohe Schäden zu erwarten sind und welches Ausmaß sie annehmen werden. Bei der Ermittlung der Risikoprämie (oben Ziffer (1)) lassen sich drei verschiedene Kalkulationsmethoden unterscheiden:

- Burning-Cost-Verfahren (Quotierung auf der Basis der Schadenerfahrung der Vergangenheit),

- Exposure-Verfahren (Quotierung auf der Basis der Risikostruktur des geschützten Portefeuilles),

- Szenario-Verfahren (Quotierung auf der Basis von Wiederkehrperioden für bestimmte Schadenereignisse).

Welche Verfahren angewendet werden, hängt von verschiedenen Umständen ab, wie der Sparte, der Priorität und Haftstrecke, den vorgelegten Statistiken usw.

Als Burning-Cost-Verfahren bezeichnet man Quotierungsmethoden, bei denen man aus der Schadenerfahrung der Vergangenheit die Schadenexzedentenprämie berechnet. Man ermittelt, welche Schadenbelastung sich in den letzten Jahren unter Zugrundelegung der zukünftigen Priorität und Haftstrecke für den Vertrag ergeben hätte und setzt diese ins Verhältnis zur jeweiligen Prämieneinnahme des Rückversicherten (Burning Cost; vgl. Tabelle 1).

Dabei ist zu beachten:

1. Aufgrund der Schadenteuerung haben Verlaufsstatistiken von XL-Verträgen nur geringe Aussagekraft, da die früher angefallenen Schäden mit geringerem Aufwand zu regulieren waren als für die Zukunft zu erwartende Schäden. In der Allgemein- und Kraftfahrt-Haftpflichtversicherung, insbesondere bei Personenschäden, spielen hierbei Faktoren wie Lohn- und Gehaltssteigerungen, aber auch geänderte Gesetzgebung oder Rechtsprechung, gestiegenes Anspruchsdenken oder die medizinische Entwicklung eine Rolle, in der Sachversicherung neben der allgemeinen Preissteigerung zum Beispiel geänderte Bauweisen. Daher müssen die Schäden der Vergangenheit auf heutige Wertverhältnisse hochgerechnet werden. Entsprechend sind bei der Bewertung der Basisprämie Tarifanpassungen zu berücksichtigen.

   Die beiden Korrekturen, Hochrechnen der Schäden auf heutige Wertverhältnisse und Berücksichtigung von Tarifanpassungen, heben sich nicht gegenseitig auf (und können daher auch nicht entfallen), da wir es bei der Schadenexzedentenrückversicherung nur mit Großschäden zu tun haben, die in der Regel einer stärkeren Schadenteuerung unter-

Tabelle 1: *Burning-Cost-Verfahren*

Jahr	Prämien-einnahme des Rückversicherten	Schäden Nr.	Bezahlt	Reserviert	Insgesamt	Schadenanteil des Rückversicherers bei einer Priorität von 80.000	Burning Cost
1993	10.000.000	1	120.000	–	120.000	40.000	
		2	10.000	90.000	100.000	20.000	
						60.000	0,6 %
1994	12.000.000	1	80.000	40.000	120.000	40.000	0,33 %
1995	13.000.000	1	2.000	88.000	90.000	10.000	
		2	30.000	80.000	110.000	30.000	
		3	95.000	–	95.000	15.000	
		4	130.000	–	130.000	50.000	
						105.000	0,81 %
1996	15.000.000	1	85.000	15.000	100.000	20.000	
		2	20.000	100.000	120.000	40.000	
		3	50.000	35.000	85.000	5.000	
						65.000	0,43 %
1997	17.000.000	1	–	200.000	200.000	120.000	
		2	10.000	140.000	150.000	70.000	
						190.000	1,12 %
	67.000.000					460.000	

Mittlere Burning Cost 1993–1997
(Burning Cost System): $\dfrac{460.000}{67.000.000}$ 0,69 %

Arithmetisches Mittel: $\dfrac{3,29}{5}$ 0,6 %

61

liegen als der Durchschnittsschaden, an dem sich das Tarifniveau orientiert (bei Personenschäden spielen Lohn- und Gehaltssteigerungen die entscheidende Rolle, nicht die allgemeine Preisentwicklung). Außerdem wird der Schadenexzedentenrückversicherer überproportional von der Schadenteuerung getroffen, da sie, nachdem ein Schaden erst einmal die Priorität überschritten hat, voll zu seinen Lasten geht. Manche Schäden überschreiten sogar erst durch die Schadenteuerung die Priorität und werden zu Rückversicherungsschäden.

Beispiel:

| Ursprüng- licher Schaden | Priorität | Schaden für | | Schaden- teuerung | Erstversicherer | | Rückversicherer | |
		Erstver- sicherer	Rückver- sicherer		Schaden	Teuerung	Schaden	Teuerung
125.000	100.000	100.000	25.000	40 %	175.000	0 %	75.000	200 %
80.000	100.000	80.000	0	40 %	112.000	25 %	12.000	∞ %

2. Wo ein Pro-Ereignis-Schadenexzedentenvertrag durch Kumulschäden wie Sturm oder Erdbeben betroffen werden kann, ist nicht nur der durch die Schadenteuerung bedingte Anstieg der Einzelschäden zu berücksichtigen, sondern auch, daß möglicherweise die Anzahl der im Bestand befindlichen Policen gestiegen ist. Entsprechend kann man davon ausgehen, daß sich auch die im Schadenfall betroffene Anzahl von Policen erhöhen würde. Hier sind für eine Hochrechnung der Schäden Bestandsinformationen, wie die Anzahl der versicherten Risiken oder die gesamte versicherte Summe zum Zeitpunkt des Schadens, und eine Vorhersage für das kommende Jahr erforderlich.

3. Zum Zeitpunkt der Quotierung sind in der Regel viele Schäden noch nicht vollständig reguliert, so daß über die endgültige Schadenlast noch keine Klarheit besteht. Besonders groß sind die Unsicherheiten in den Haftpflichtsparten, wo die Abwicklung sich oft (zum Beispiel, wenn prozessiert wird) über viele Jahre oder (bei Personenschäden) sogar über Jahrzehnte hinzieht. Die für die eventuelle Schlechterabwicklung bereits bekannter Schäden erforderliche Rückstellung nennt man IBNER-Reserve (engl. IBNER = incurred but not enough reserved).

Noch schwieriger ist die Berücksichtigung von Spätschäden, das heißt solchen Schäden, die zwar bereits eingetreten, aber noch nicht als solche erkannt worden sind oder deren Ursache noch nicht geklärt ist, so daß noch kein Schadenersatzanspruch erhoben wurde. Dieser Fall ergibt sich oft in der Produkt-Haftpflicht, besonders kraß zum Beispiel bei durch Asbest hervorgerufenen Krankheiten, wo zwischen dem versicherten Schadeneintritt, dem Zeitraum, in dem der Geschädigte den Asbestfasern ausgesetzt war, und dem Erkennen der Krankheit 20 und mehr Jahre liegen können, an die sich vor der endgültigen Schadenregulierung eventuell noch lange Deckungsprozesse anschließen. Die hierfür erforderliche Rückstellung nennt man Spätschaden- oder IBNR-Reserve (engl. IBNR = incurred but not reported). Oft werden unter diesem Begriff aber auch IBNR- und IBNER-Reserve zusammengefaßt.

Für den Schadenexzedenten-Rückversicherer stellt sich das Spätschadenproblem in noch stärkerem Maße als für den Erstversicherer, da er es ausschließlich mit den oft lange Zeit nicht als solche erkannten Großschäden zu tun hat und zudem viele IBNER-

Schäden, solange sie in der Einschätzung des Rückversicherten unterhalb der Priorität liegen, für ihn IBNR-Schäden sind.

Die Kalkulation der richtigen Spätschadenreserve ist nicht nur für die Prämienkalkulation bei Schadenexzedentenverträgen von Bedeutung, sondern auch für eine richtige Bilanzierung, um spätere Abwicklungsverluste zu vermeiden. Es gibt eine Reihe von Verfahren zu ihrer Kalkulation, die aber alle ihre Schwächen haben. Die Entwicklung von Methoden zur möglichst korrekten Ermittlung der Spätschadenreserve gehört daher zu den Gebieten, mit denen sich die Versicherungsmathematiker auf der ganzen Welt zur Zeit besonders intensiv beschäftigen.

4. Außerdem ist bei der Burning-Cost-Quotierung zu berücksichtigen, inwieweit die Zusammensetzung des Versicherungsbestandes des Rückversicherten in der Vergangenheit repräsentativ für sein heutiges Portefeuille ist oder ob Faktoren wie Deckungserweiterungen oder das Zeichnen höherer Versicherungssummen die Großschadengefahr erhöht haben.

Um eine Burning-Cost-Quotierung vornehmen zu können, müssen über einen bestimmten Zeitraum die Prämieneinnahme des Rückversicherten und alle Einzelschäden bekannt sein, die, auf heutige Wertverhältnisse hochgerechnet, die zukünftige Priorität überschritten hätten. Diese Daten sollten mindestens für die letzten fünf Jahre vorliegen, in den Elementarschadensparten wie Sturm und Hagel wegen der gegebenenfalls längeren Wiederkehrperioden und in Allgemein- und Kraftfahrt-Haftpflicht wegen der langen Abwicklungsdauer über noch längere Zeiträume. In den Haftpflichtsparten muß nicht nur der jeweils aktuellste Stand eines jeden Schadens bekannt sein, sondern seine gesamte Abwicklung, das heißt jeweils der Stand (Reserven und bis dahin geleistete Zahlungen separat) zum Ende eines jeden Jahres, damit Aussagen über die Spätschadenentwicklung möglich sind.

Burning-Cost-Verfahren eignen sich für die Quotierung von Schadenexzedenten mit niedrigen Prioritäten und nicht zu langen Haftstrecken, das heißt dort, wo hinreichende Schadenerfahrungen vorliegen. Ist das nicht der Fall, so erhält man unzureichende Prämien, im Extremfall sogar Null, wenn zufällig im Beobachtungszeitraum kein Schaden die Priorität überschritten hat.

Beim Exposure-Verfahren wird die Schadenexzedentenprämie auf der Basis der Portefeuillestruktur kalkuliert. Hierzu muß der Rückversicherte dem Rückversicherer eine Aufteilung des geschützten Portefeuilles in möglichst homogene Teilbestände liefern, in der Feuerversicherung zum Beispiel nach industriellen, gewerblichen und privaten Risiken. Aus diesen üblicherweise in einem Risikoprofil zusammengefaßten Informationen wird dann die Rückversicherungsprämie ermittelt.

Beispiel: Risikoprofil für die Sparte Feuer Einfach zum Stichtag 31.7.1998

Versicherungssumme ('000)	Zahl der Risiken	Prämie
0 – 1.000	822	754.185
1.000 – 2.000	345	994.118
2.000 – 3.000	292	1.286.260
3.000 – 4.000	167	830.575
4.000 – 5.000	101	638.573
5.000 – 6.000	89	599.638
6.000 – 8.000	92	734.804
8.000 – 10.000	35	318.780
10.000 – 15.000	7	75.863
15.000 – 20.000	3	57.855

Die Exposure-Quotierung wird besonders bei hohen Prioritäten angewandt, bei denen die tatsächliche Schadenerfahrung für eine verläßliche Kalkulation nicht ausreicht. Der Unsicherheit über die zukünftige Zusammensetzung des Portefeuilles kann durch eine Coded-Excess-Deckung Rechnung getragen werden, bei der – analog zum Verfahren der Exposure-Quotierung – für die in die einzelnen Bänder des Risikoprofils fallenden Risiken unterschiedliche Raten vereinbart werden.

Szenario-Verfahren werden häufig bei der Quotierung von Schadenexzedenten verwendet, die ein Portefeuille gegen Naturkatastrophen schützen. Grundlage dieser Verfahren sind Schadenszenarien, die bestimmten Schadenereignissen Wiederkehrperioden zuordnen. Die Höhe der angenommenen Schäden beruht meist auf den versicherten Summen oder dem Prämienvolumen des geschützten Portefeuilles.

Beispiel:
Eine karibische Insel wird alle 20 Jahre von einem kleinen, alle 40 Jahre von einem mittleren und alle 100 Jahre von einem großen Hurrikan heimgesucht. Ein kleiner Hurrikan zerstört 2 %, ein mittlerer 4 % und ein großer 12 % der versicherten Werte. Eine ansässige Versicherungsgesellschaft sucht für ihr Sachgeschäft (Versicherungssumme: 200 Mio.) Schutz durch einen XL mit Priorität 4 Mio. und Haftung 8 Mio. pro Ereignis. Der Rückversicherer kalkuliert wie folgt:

Hurrikan	Schaden in %	Schaden absolut	Schaden für den XL	Wiederkehr-periode	Jahreslast
klein	2 %	4.000.000	0	20	0
mittel	5 %	10.000.000	6.000.000	40	150.000
groß	12 %	24.000.000	8.000.000	100	80.000
			Die reine Risikoprämie beträgt		230.000

In der Regel wird man nicht nur ein Verfahren anwenden, sondern zum Beispiel bei einer Burning-Cost-Quotierung auch Exposure-Gesichtspunkte berücksichtigen. Oft wird man für Quotierungszwecke einen Schadenexzedentenvertrag auch in mehrere Layer aufteilen, bei denen der erste nach einem Burning-Cost-Verfahren quotiert wird, die mittleren aufgrund der Schadenerfahrung, aber bereits unter Berücksichtigung der Portefeuillestruktur, und der höchste Layer nach einem Exposure-Verfahren, wobei gegebenenfalls noch ein Mindestpreis (absolut oder abhängig von der Länge der Haftstrecke) zur Festlegung der Prämie mit herangezogen wird.

Die meistens vereinbarten Pauschalprämienraten für Schadenexzedentenverträge lassen sich erst dann genau abrechnen, wenn die Prämieneinnahme des Geschäftsjahres vorliegt. Da aber Schadenleistungen des Rückversicherers schon vorher fällig werden können, wäre es unbillig, ihm erst nach Ablauf des Vertragsjahres die Prämie zu zahlen. Deshalb werden vorläufige Prämienzahlungen vereinbart, die meist zu Beginn des Vertrages, gelegentlich auch in zwei Raten, zum Beispiel am 1.1. und 1.7., fällig sind. Sie werden dann zu Beginn des Folgejahres aufgrund der Jahresprämie des Rückversicherten adjustiert.

Die vorläufige Prämie ist in der Regel zugleich die Mindestprämie. Dies ist besonders in Geschäftszweigen erforderlich, die erst im Aufbau begriffen sind und nur geringe Prämieneinnahmen aufweisen, damit der Rückversicherer wenigstens einen gewissen Mindestbetrag für die Gewährung der Deckung erhält.

Die oben dargestellten Burning-Cost- und Exposure-Verfahren werden entsprechend auch für die Ermittlung der Prämienrate von Jahresüberschadenverträgen angewendet. Die Kalkulation der notwendigen Zuschläge hängt auch hier von den zu erwartenden Schwankungen des Schadenverlaufs ab. Dabei ist zu beachten, daß Änderungen in der Zeichnungspolitik des Rückversicherten, insbesondere eine großzügigere Übernahme von gefährlichen oder bisher nicht gezeichneten Risiken, die Ausgangsbasis für die Prämienberechnung sehr schnell hinfällig werden lassen können. Zum Schutz dagegen wird häufig vereinbart, daß der Rückversicherte gehalten ist, seine Zeichnungspolitik und die von ihm befolgten Annahmegrundsätze nicht zu ändern.

5.4.2 Staffelraten

Da die statistischen Unterlagen für die Prämienberechnung beträchtliche Unsicherheitsfaktoren enthalten, kann es sich besonders bei schwankungsanfälligen Beständen empfehlen, eine vom Schadensatz abhängige veränderliche Prämie (Staffel- oder variable Rate) vorzusehen.

Dabei wird eine Höchst- und eine Mindestprämie vereinbart. Innerhalb dieser Grenzen errechnet sich die Prämie nach dem um einen Zuschlag erhöhten Burning-Cost-Satz; der Zuschlag (engl.: Loading) wird meist als Faktor (z.B. 100/70 oder 100/75 oder 100/80) gewählt, kann aber auch additiv wirken (z.B. 0,5 % der Basisprämie).

Beispiel:

Endgültige Schadenbelastung in Prozent der Basisprämie im Vertragsjahr 1	2,000 %
Loading 100/70 (gleich Zuschlag von 42,86 %)	0,857 %
Vereinbarte Mindestprämie	1,500 %
Vereinbarte Höchstprämie	4,500 %
Die Schadenexzedentenprämie des Vertragsjahres 1 beträgt demnach	2,857 %

Beläuft sich der Schadensatz für das zweite Jahr auf 4 %, so würde die Prämie einschließlich Zuschlag 5,714 % ausmachen. Da aber die vereinbarte Höchstprämie 4,5 % beträgt, wird für das Vertragsjahr 2 nur dieser Höchstsatz erhoben.

Gelegentlich wird vereinbart, daß die Prämie nicht nach dem Schadensatz des Jahres ermittelt wird, für das sie gelten soll, sondern daß zusätzlich oder auch ausschließlich die Schadenerfahrung vorangegangener Jahre berücksichtigt wird.

Variable Raten haben den Nachteil, daß die Schadenreserven, welche die Schadensätze mit bestimmen, bis zur Abwicklung ständig berichtigt werden müssen und damit auch die Schadensätze selbst. Rückversicherter und Rückversicherer erhalten deshalb erst nach längerer Zeit Klarheit über die wirklich geschuldete Prämie. Trotzdem ist eine veränderliche Prämie in bestimmten Fällen einer festen Prämie vorzuziehen.

Variable Raten sollten nur für solche Schadenexzedentenverträge vereinbart werden, bei denen Priorität und Haftung so niedrig sind, daß sie regelmäßig von Schäden betroffen werden. Andernfalls erhielte der Rückversicherer immer nur eine Prämie, die gerade ausreicht, um in „normalen" Jahren die Schäden zu bezahlen und seine Kosten zu decken. Er wäre also nicht in der Lage, Rücklagen zu bilden für einen eventuellen Großschaden, bei dessen Eintreten auch die Höchstrate bei weitem nicht ausreichen würde.

5.4.3 Die Wiederauffüllungsprämie

Die Wiederauffüllung der Haftstrecke kann prämienfrei oder gegen Zusatzentgelt (Wiederauffüllungsprämie) erfolgen. Bei Verträgen, die Schutz gegen Katastrophenschäden gewähren, wird in der Regel nur eine, bezahlte, Wiederauffüllung gewährt. Diese Zusatzprämie wird meist „pro rata capita" aus dem Verhältnis der angefallenen Schäden zur Haftung errechnet.

Beispiel:

Priorität	100.000	
Haftung	400.000	
XL-Prämie		40.000
1. Schaden	300.000	
2. Schaden	600.000	

Errechnung der Zusatzprämie:

1. Schaden	XL-Schaden		200.000
	$\dfrac{200.000}{400.000}$	=	50 %
Zusatzprämie:	50 % von 40.000	=	20.000
2. Schaden	XL-Schaden		400.000
	$\dfrac{400.000}{400.000}$	=	100 %
Zusatzprämie:	100 % von 40.000	=	40.000
Gesamtprämie:	40.000 + 20.000 + 40.000	=	100.000

Neben diesem Verfahren kommen andere Formen der Wiederauffüllungsprämie vor, bei denen etwa 50 % oder 150 % der „pro rata capita" ermittelten Zusatzprämie gezahlt werden. In seltenen Fällen wird bei der Höhe der Wiederauffüllungsprämie auch noch die zum Zeitpunkt des Schadeneintritts verbleibende Laufzeit des Schadenexzedentenvertrages berücksichtigt („pro rata capita et temporis").

Ein Schadenexzedent mit bezahlten Wiederauffüllungen wird meist einen niedrigeren Preis haben als ein solcher mit kostenlosen Wiederauffüllungen, da der Rückversicherer bei der Quotierung die reine Risikoprämie um die erwartete Wiederauffüllungsprämie reduzieren kann. Dieser Effekt kann bei Verträgen mit niedriger Priorität und Haftung, die regelmäßig von Schäden betroffen sind, erheblich sein.

5.4.4 Andere verlaufsabhängige Entgelte

Nicht-proportionale Rückversicherungsverträge haben oft einen sehr stark schwankenden Verlauf, so daß der Rückversicherer einen Ausgleich meist nur in einem größeren Portefeuille von Verträgen und über einen längeren Zeitraum erreichen kann. Daher sollte für nicht-proportionales Geschäft kein Gewinnanteil gezahlt werden. Läßt sich die Vereinbarung eines Gewinnanteils nicht vermeiden, so sollte seine Kalkulation nur für das zusammengefaßte Ergebnis von mindestens 3, besser aber 5 Jahren erfolgen, da der Verlauf eines Jahres bei der Unausgeglichenheit nicht-proportionaler Rückversicherungsverträge wenig besagt. Außerdem sollte immer ein Verlustvortrag bis zur Tilgung vereinbart werden. Die Kosten des Rückversicherers müssen bei der Gewinnermittlung angemessen berücksichtigt werden, wobei davon ausgegangen wird, daß die Bearbeitung eines Schadenexzedentenvertrages eher höhere Kosten verursacht als diejenige eines vergleichbaren Exzedentenvertrages, der einen etwa ebenso hohen Rückversicherungsschutz gewährt, aber eine wesentlich höhere Prämie erbringt. Das Berechnungsschema zur Ermittlung eines Gewinnanteils bei Schadenexzedentenverträgen entspricht im übrigen dem, was bei Quoten- und Exzedentenverträgen üblich ist, mit der Abweichung, daß keine Prämienüberträge zu berücksichtigen sind.

Beim No Claims Bonus zahlt der Rückversicherer dem Rückversicherten bei schadenfreiem Verlauf des Vertrages eine Rückvergütung von zum Beispiel 10 % der Rückversicherungsprämie. Die bereits gegen Gewinnanteile vorgebrachten Bedenken gelten hier analog. Hierzu kommt das Problem, daß es für den Rückversicherten günstiger sein kann, sich einen Schaden, der die Priorität nur geringfügig überschreitet, nicht vom Rückversicherer erstatten zu lassen, um nicht einen viel höheren No Claims Bonus zu verlieren.

Bei Stop-Loss-Verträgen wird gelegentlich auch eine umgekehrte Staffelprämie (englisch: reverse rate) vereinbart. In Jahren mit einer niedrigen Schadenquote zahlt der Rückversicherte ein erhöhtes Entgelt, umgekehrt in Jahren mit einer hohen Schadenquote ein niedriges Entgelt. Der Rückversicherte zahlt also dann mehr, wenn er technische Gewinne erzielt und erhält die höchste Entlastung, wenn er technische Verluste erleidet.

Beispiel:

Mindestrate: 2 % bei einer Schadenquote von 70 % und mehr
Höchstrate: 7 % bei einer Schadenquote von 45 % oder weniger
Zwischen 70 % und 45 % Schadenquote beträgt die Erhöhung linear 20 % der Differenz
von 70 % und der tatsächlichen Schadenquote.

Ist beispielsweise die aktuelle Schadenquote 60 %, so ist die Differenz zu 70 % gleich
10 %; davon werden 20 % der Prämie zugeschlagen, also 20 % von 10 % gleich 2 %.
Um diesen Betrag wird die Mindestrate erhöht, so daß sich eine Gesamtrate von 4 %
ergibt.

5.5 Klauseln in Verträgen der Schadenrückversicherung

5.5.1 Schicksalsteilung und Irrtumsklausel

Die nicht-proportionale Rückversicherung unterscheidet sich von der proportionalen
Rückversicherung grundsätzlich darin, daß die Interessen der Parteien nicht mehr in allen
Punkten parallel laufen.

Der Erstversicherer versucht in der Regel, für eine niedrige Prämie eine möglichst um-
fassende Deckung zu erhalten. Dagegen muß der Rückversicherer anstreben, für das hohe
von ihm zu übernehmende Risiko eine ausreichende Prämie zu erzielen und den Umfang
des Rückversicherungsschutzes entsprechend den technischen Notwendigkeiten zu begrenzen. Eine Schadenexzedentenrückversicherung, mehr noch eine Jahresüberschaden-
deckung, kann den Rückversicherten dazu verleiten, unvorsichtiger bei seiner Risikoauswahl zu werden, da er im Gegensatz zum Rückversicherer für größere Schäden nur bis
zur Höhe der Priorität und eines etwa vereinbarten Selbstbehaltes an der Haftstrecke
aufzukommen hat.

Aus diesen Gründen geht die Schicksalsteilung zwischen Erst- und Rückversicherer bei
der Schadenexzedentenrückversicherung nicht so weit wie bei den klassischen proportionalen Rückversicherungsformen; auch die häufig vereinbarte Irrtumsklausel ist nur unter
voller Berücksichtigung der Besonderheiten der Schadenrückversicherung anwendbar.

5.5.2 Die Nettoschadenklausel (Ultimate Net Loss)

Gegenstand der nicht-proportionalen Rückversicherung ist stets der endgültige Nettoschaden, d.h. derjenige Schaden, den der Rückversicherte nach Abzug aller zu realisierenden
Rückerstattungen tatsächlich erstattet.

Aus dem Wesen dieser Deckung, die durch die nicht-proportionale Verteilung der Schadenlast zwischen Erst- und Rückversicherer nach Maßgabe der in der Regel vertraglich
von vornherein für alle Schäden in gleicher Höhe festgelegten Priorität und Haftstrecke
gekennzeichnet wird, ergibt sich, daß Rückerstattungen auf Schäden und Erträge aus
Regressen in erster Linie dem Rückversicherer zufließen, sofern und soweit er einen Teil
des Schadens bezahlt hat.

Beispiel:

Beträgt die Priorität 60.000, eine Schadenzahlung 80.000 und können 25.000 durch Regreß wieder hereingeholt werden, so beträgt der endgültige Nettoschaden 55.000, bleibt also unter der Priorität. Der Rückversicherer, der zunächst 20.000 gezahlt hatte, erhält diesen Betrag rückvergütet, während dem Rückversicherten aus dem Regreß 5.000 verbleiben. Der endgültige Schaden hat die Priorität nicht überschritten, so daß der Rückversicherer nichts zu leisten hat.

Auf den endgültigen Nettoschaden werden auch Erstattungen aus anderen Rückversicherungen, insbesondere fakultativen und proportionalen Vertragsrückversicherungen angerechnet. Gelegentlich werden auch nicht-proportionale Rückversicherungen durch andere, vorrangige, nicht-proportionale Rückversicherungen entlastet. Zum Beispiel kauft ein Erstversicherer in der Sturmversicherung zur Entlastung seines Stop-Loss-Vertrages oft einen XL-Vertrag pro Ereignis, der Schäden aus einzelnen Großereignissen deckt.

Bei Schadenexzedentenprogrammen, die aus mehreren Deckungsabschnitten bestehen, wird natürlich die Entlastung aus unteren Layern nicht auf den endgültigen Nettoschaden eines oberen Layers angerechnet. Um Diskussionen nach dem Schadenfall zu vermeiden, sollten vorrangige Rückversicherungen im nicht-proportionalen Rückversicherungsvertrag festgehalten werden.

5.5.3 Die Stundenklausel

Wo in einem Rückversicherungsvertrag der Ereignisbegriff eine Rolle spielt, sei es beim Haftungsbegriff eines Schadenexzedenten pro Ereignis, dem Ereignislimit eines Schadenexzedenten pro Risiko oder bei den Ereignislimits proportionaler Verträge, bedarf er einer genauen Definition.

Bei der Rückversicherung von Kumulgefahren aus Natur- oder politischen Ereignissen wird in einer sogenannten Stundenklausel (ein Textbeispiel für eine Stundenklausel befindet sich im Anhang im Mustervertrag) meist vereinbart, daß alle Einzelschäden, die innerhalb eines bestimmten Zeitintervalls anfallen, zu einem Schadenereignis zusammengefaßt werden. Die Länge dieses Intervalls ist je nach Gefahr verschieden, üblich sind zum Beispiel 72 Stunden für Feuer, Erdbeben, Sturm und politische Gefahren sowie 168 Stunden für Überschwemmung. Weitere Punkte, die in der Stundenklausel behandelt werden, sind

- ob und welche versicherten Gefahren zu einem Ereignis zusammengezogen werden können (z.B. Feuer nach Erdbeben mit dem eigentlichen Erdbebenschock, Überschwemmung nach einem tropischen Wirbelsturm mit den eigentlichen Sturmschäden),
- ob und wie Ereignisse räumlich begrenzt werden (z.B. Überschwemmungen auf Einzugsgebiete einzelner Flüsse oder innere Unruhen auf einzelne Städte),
- das Recht des Erstversicherers, innerhalb gewisser Grenzen Beginn und Ende des Stundenintervalls festlegen zu dürfen.

Neben der Stundenklausel wird bei der Schadenexzedentenrückversicherung von Katastrophenschäden meist auch in der sogenannten Extended Expiration Clause festgelegt, daß ein über das Ende der Vertragslaufzeit hinausgehendes Schadenereignis im Sinne der Stundenklausel ganz unter die Deckung des auslaufenden Vertragsjahres fällt und nicht zwischen Vertrags- und Folgejahr aufgeteilt wird.

5.5.4 Behandlung von Rentenverpflichtungen

Nach §§ 67, 79 VAG und der Praxis der deutschen Versicherungsaufsichtsbehörde hat der Rückversicherte in der Unfall- und Haftpflichtversicherung das Rentendeckungskapital auch für den Anteil des Rückversicherers bei sich aufzubewahren und zu verwalten. Deutsche Rückversicherungsverträge enthalten deshalb meist die ausdrückliche Bestimmung, daß der Rückversicherer seinen Anteil am Rentendeckungskapital in bar oder in Wertpapieren dem Rückversicherten zur Verfügung zu stellen hat. Hierbei werden die einzelnen Schadenbestandteile in der Reihenfolge Zahlungen, Rentenreserven, Schadenreserven auf die Priorität angerechnet. Die nach dem sogenannten Kapitalisierungsverfahren ermittelte Verpflichtung besagt aber noch nichts darüber, ob der Rückversicherer wirklich endgültig zu den Rentenzahlungen beizutragen hat. Häufig ist vielmehr vereinbart, daß er erst dann dazu verpflichtet ist, wenn die zusammengerechneten Rentenzahlungen die Priorität überschreiten (Additionsverfahren).

In anderen Ländern dagegen wird der Rückversicherer oft alsbald nach Feststellung der Rentenverpflichtung mit seinem die Priorität übersteigenden Anteil endgültig belastet. Das Risiko, ob das Rentendeckungskapital ausreicht, trägt dann der Erstversicherer ebenso allein, wie etwaige Einsparungen, die sich aus dem vorzeitigen Tod des Rentenempfängers ergeben können, nur ihm zugute kommen.

5.5.5 Die Anpassungsklausel (Indexklausel)

Während bei der Quoten- und Exzedentenrückversicherung Prämien und Schäden proportional zwischen Erst- und Rückversicherer aufgeteilt werden und die Schadenteuerung beide gleichermaßen entsprechend ihrem Anteil trifft, gehen bei Schadenexzedentenverträgen steigende Aufwendungen infolge der Schadenteuerung in überproportionalem Umfang zu Lasten des Rückversicherers, die Zahl der prioritätsüberschreitenden Schäden steigt auch bei unverändertem Portefeuille des Rückversicherten, und die Priorität schrumpft in ihrem realen Wert (vgl. das Beispiel auf Seite 55).

In der Sachversicherung steigt der nominelle Wert der versicherten Gegenstände bei einer Geldwertminderung. Die Schadenexzedentenpriorität wird dementsprechend entwertet. In manchen Ländern, zum Beispiel Belgien, werden daher die Priorität und die Haftung, falls nicht eine generelle Neuvereinbarung der Vertragskonditionen erfolgt, jedes Jahr an die geänderten Wertverhältnisse angepaßt. Hierfür wird die Veränderung des Baupreisindex zugrunde gelegt.

Wegen der in der Regel sehr langen Abwicklungsdauer stellt sich das Problem der Schadenteuerung wesentlich gravierender in der Allgemein- und Kraftfahrt-Haftpflichtversicherung. Da ihr Umfang, der neben der Geldentwertung insbesondere von der Lohn- und Gehaltsentwicklung sowie der Veränderung anderer schadenbeeinflussender Faktoren, wie Rechtsprechung, Gesetzgebung oder medizinischem Fortschritt, abhängt, nicht vorhersehbar ist, entzieht er sich der versicherungsmathematischen Kalkulation. Er kann daher nicht vernünftig in die Schadenexzedentenprämie einkalkuliert werden, sondern wird rückversicherungstechnisch auf andere Weise erfaßt, nämlich durch sogenannte Anpassungs- oder Indexklauseln. Der Sinn einer solchen Klausel ist es, die Wertbeständigkeit von Priorität und Haftung zu erhalten, d.h. daß die Schadenteuerung das bei Vertragsbeginn bestehende Verhältnis zwischen Leistung und Gegenleistung von Rückversichertem und Rückversicherer nicht verschiebt. Hierzu bindet man Priorität und Haftung an einen Index, der die Schadenteuerung möglichst gut widerspiegelt, wegen der Personenschadenproblematik in der Regel ein Lohn- oder Gehaltsindex. Ein Beispiel für den Text einer solchen Anpassungsklausel findet sich im Anhang im Mustervertrag.

Die Indexklausel wirkt in zwei Richtungen. Einerseits werden Priorität und Haftung von Anfalljahr zu Anfalljahr entsprechend der Indexsteigerung angepaßt, unabhängig davon, ob ein Schaden eingetreten ist oder nicht (vertikale Indexierung). Andererseits ist aber für die Schadenteuerung seit Vertragsbeginn nicht der Zeitpunkt des Schadeneintritts maßgebend, sondern der seiner abschließenden Regulierung. Daher wirkt die Klausel auf jeden Schaden, der während der Laufzeit des Vertrages eintritt (horizontale Indexierung). Die tatsächliche Höhe der anwendbaren Priorität und Haftung hängt damit für jeden einzelnen Schaden individuell von seiner Regulierungsdauer ab, also von dem Zeitraum, in dem sich die Schadenteuerung auswirkt.

Beispiel:
Priorität: 100.000
Tatsächlicher Schaden: 175.000
Schadenteuerung bis zum Zeitpunkt der Regulierung (gemessen an der Indexsteigerung): 40 %
Schadenhöhe ohne Eintritt der Schadenteuerung: 125.000 (175.000/140 %)

Aufteilung:
 Erstversicherer: 100.000 = 80 % des Gesamtschadens
 Rückversicherer: 25.000 = 20 % des Gesamtschadens

Aufteilung des tatsächlichen Schadens ohne Anpassungsklausel:
 Erstversicherer: 100.000 = 57 % des Gesamtschadens
 Rückversicherer: 75.000 = 43 % des Gesamtschadens

Aufteilung des tatsächlichen Schadens mit Anpassungsklausel:
 Erstversicherer: 80 % des Gesamtschadens = 140.000
 Rückversicherer: 20 % des Gesamtschadens = 35.000

Die Schadenteuerung wirkt sich also auf Erst- und Rückversicherer in gleichem Maße aus, nämlich um 40 %, das Verhältnis von Priorität und Leistung des Rückversicherers bleibt erhalten.

6. Retrozessionsverträge

6.1 Wesen und Zweck

Die Weiterrückversicherung (Retrozession) ist eine Maßnahme des Rückversicherers, mit der er durch Abgabe von Teilen der von ihm übernommenen Rückversicherungen an einen dritten Versicherer, den Retrozessionär, sein Risiko begrenzt und nivelliert. Erst mit Hilfe der Retrozession vermag der Rückversicherer seine Aufgabe, auch größte Risiken aufzuteilen und sie zu „atomisieren", befriedigend zu lösen. Die Retrozession ist eine Rückversicherung zweiter Stufe. Das in Abbildung 2 wiedergegebene Schema veranschaulicht ihre Wirkung.

Die Rückversicherer 1–3 verteilen nach diesem Schema das von ihnen gedeckte Risiko an die Retrozessionäre 4–10, von denen zwei ihrerseits Weiterretrozessionen vorgenommen haben. Dabei wurde angenommen, daß ein Weiterretrozessionär aus zwei Quellen beteiligt wurde, daß sich also bei ihm ein Kumul ergibt. Sofern Rückversicherungsaufgaben erteilt werden, lassen sich derartige Kumule feststellen. Ähnlich wie bei einem Erstversicherer können dann diejenigen Risiken, die den Selbstbehalt übersteigen, aufgrund einer Maximaltabelle fakultativ oder durch einen obligatorischen Exzedentenrückversicherungsvertrag retrozediert werden. Allerdings ist dies nur noch in Ausnahmefällen möglich, da der stark eingeschränkte Aufgabendienst der Zedenten die Feststellung von Kumulen beim Rückversicherer sehr erschwert, so daß sie meist erst nach eingetretenem Schaden erkennbar werden.

6.2 Formen der Retrozession

Sämtliche Vertragsformen der Rückversicherung einschließlich ihrer Kombinationen können auch für Retrozessionen verwendet werden, allerdings mit Ausnahme der Jahresüberschadenversicherung, die für das risikoreiche und starken Schwankungen unterliegende Rückversicherungsgeschäft im offenen Markt nicht gewährt wird.

Fakultative Einzelretrozessionen sind selten. Etwas häufiger kommen dagegen die fakultativ-obligatorischen Open-Cover-Verträge vor, die es dem Rückversicherer ermöglichen sollen, seinem Zedenten auch für Risiken, die über dessen obligatorische Deckungsmittel hinausgehen, schnell Rückversicherungsschutz zu gewähren, ohne daß er sich seinerseits für eigene Rechnung zu stark zu engagieren braucht. Meist sind derartige Verträge sehr unausgeglichen und enthalten oft beträchtliche Kumulrisiken.

Am häufigsten ist die Quotenretrozession. Sie ist einfach und kostensparend und wird entweder für einzelne Rückversicherungsverträge (Sonderretrozessionen) oder für Gruppen solcher Verträge genommen. Die Höhe der je Rückversicherungsvertrag etwa vorzunehmenden Retrozessionsabgaben richtet sich hauptsächlich nach der Höhe der vom Rückversicherer übernommenen Haftung, dem Verhältnis zwischen Haftung und Prämie pro Vertrag und der Kumulgefahr mit anderen Verträgen. Auch für die Retrozession einzelner Verträge gilt wie für diejenige einzelner Risiken, daß sie wegen der damit verbun-

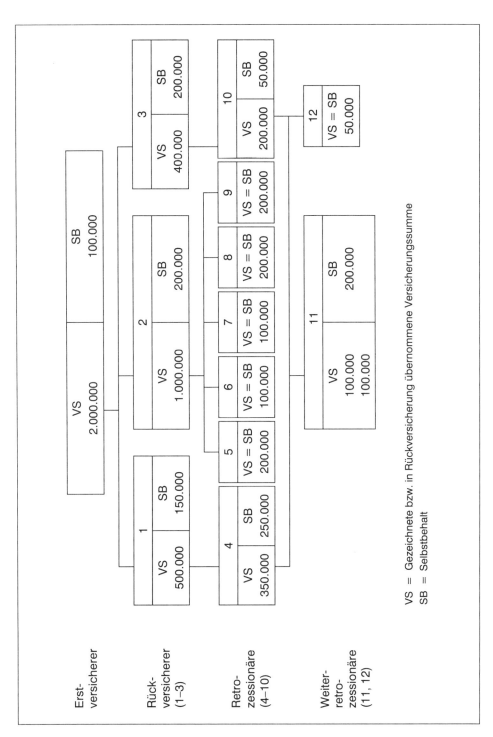

Abbildung 2: Wirkung der Retrozession

73

denen Administration, der Buchungen und der besonderen Abrechnungen erhebliche Kosten verursacht. Deshalb haben sich Sammelretrozessionsverträge in Quotenform durchgesetzt, die zugleich einen besseren Ausgleich für den Retrozessionär gewährleisten. Besonders gilt dies dann, wenn in einen derartigen Sammelvertrag nur bestimmte, in sich bereits einen gewissen Ausgleich bietende Verträge eingebracht werden oder wenn von schwankungsanfälligen Verträgen Vorwegretrozessionsquoten anderwärts gedeckt und dadurch auch diese Verträge nivelliert werden. Sie können dann die Ergebnisse des Sammelvertrages nur noch in verringertem Maß negativ beeinflussen. In der Praxis werden diese Sammelretrozessionen häufig „Pool"-Verträge genannt, die auch als Exzedenten aufgelegt werden.

Der Retrozessionär erhält meist anteilig die Originalrückversicherungsprämie und hat dementsprechend einen Anteil an der Originalprovision zu vergüten. Bei Sammelverträgen wird zwar häufig eine einheitliche Retrozessionsprovision vereinbart. Gerechter und deshalb weiter verbreitet ist aber die Weitergabe der Kostenbelastung auf der Basis „wie original".

Zu den Kosten des Retrozedenten trägt der Retrozessionär oft durch Vergütung einer Bearbeitungsgebühr („Superprovision" bzw. „Overrider" genannt) bei, die zwischen 1 % und 3 % liegt, gelegentlich ergänzt durch einen Retrozessionsgewinnanteil.

Zum Schutz vor Kumul- und Katastrophengefahren pflegen auch die davon besonders bedrohten Rückversicherer Schadenexzedentendeckungen abzuschließen. Diese können entweder für eigene Rechnung oder für gemeinsame Rechnung des Rückversicherers und seiner Quotenretrozessionäre genommen werden. Der Markt für solche Verträge ist eng; eine weitgehende Aufteilung unter zahlreiche Retrozessionäre empfiehlt sich wegen der hier besonders gebotenen Atomisierung der unter Umständen sehr erheblichen und schwer übersehbaren Risiken aus Mitversicherungs- und Naturkatastrophen-Kumul. Plaziert der Retrozedent seine Schutzdeckung ganz oder teilweise selbst, werden dafür vom Retrozessionär Overrider zwischen 5 % und 10 % vergütet.

6.3 Austauschverträge (Reziprozität)

Es liegt nahe, daß Rückversicherer, die Retrozessionsbedürfnisse haben, sich deshalb zuerst an ihre Geschäftsfreunde wenden, von denen sie Rückversicherungs- oder Retrozessionsverträge übernommen haben. Dies gilt zumal dann, wenn es sich um Geschäfte handelt, die einigermaßen ausgeglichen erscheinen und die keine hohen Verlustrisiken in sich bergen. So bestehen schon seit den Anfängen der Vertragsrückversicherung gegenseitige Rückversicherungsbeziehungen, bei denen jede Partei sowohl als Zedent oder Retrozedent als auch als Rückversicherer oder Retrozessionär auftritt.

Von diesem Bestreben, einander bei der Weiterverteilung von Risiken beizustehen, unterscheidet sich jedoch grundsätzlich das etwa seit dem Ende des Ersten Weltkriegs zu beobachtende Verlangen nach sogenannter Reziprozität. Darunter versteht man Rückversicherungs- oder Retrozessionsgeschäft, das der Rückversicherer dem Zedenten als Zugabe zu dem von ihm gewährten Rückversicherungsschutz abgibt.

Beispiel:

Der Wunsch nach 50 %iger Reziprozität bedeutet, daß ein Zedent von seinem Rückversicherer verlangt, ihm in Höhe von 50 % der abzugebenden Rückversicherungsprämie seinerseits Rückversicherungsgeschäft zurückzuüberweisen.

Erstrebt wird damit, die durch Rückversicherungsabgaben geminderte Prämie wiederaufzufüllen und möglichst aus der Gegenüberweisung Gewinne zu erzielen, welche die an den Rückversicherer abfließenden Gewinne vermindern sollen.

Austauschverträge unter Erstversicherern kommen oft auf der Basis hundertprozentiger Reziprozität zustande. Eine so hohe Reziprozität können spezialisierte Rückversicherungsgesellschaften grundsätzlich nicht gewähren, würden sie doch sonst zu Maklern, welche die vereinnahmten Prämien lediglich verbuchen und wieder abgeben. Sie vermögen weder, den größeren Teil des von ihnen rückversicherten gewinnhaltigen Geschäftes ohne eine technische Notwendigkeit wieder abzugeben, noch können sie durch hohe Gewinnabgaben den ihnen verbleibenden Nettoertrag zu stark vermindern, müssen sie doch ihre unbeschränkte Zahlungsbereitschaft unter allen Umständen sicherstellen, ihre Kosten decken, hinreichende Rücklagen für ihr risikoreiches Geschäft bilden und ihr Aktienkapital verzinsen.

Da Reziprozität meist nur in Geschäftszweigen verlangt wird, die regelmäßige Gewinne erwarten lassen – bei der unausgeglicheneren Schadenrückversicherung kommt sie kaum vor, in Sparten mit langer Abwicklungsdauer der einzelnen Kalenderjahre ist sie selten –, wird die Aufgabe des professionellen Rückversicherers, auch schwere Risiken, Spitzengeschäft und Rückversicherungen in notorisch schwankungsreichen Geschäftszweigen zu übernehmen, erheblich erschwert. Das Ziel der Rückversicherung, dem Zedenten Zeichnungsmöglichkeiten zu eröffnen, ihm eine gewinnbringende, ausgedehnte Aktivität zu erlauben und seine Stellung im Wettbewerb zu stärken, droht bei einer Überspitzung des Retrozessionsstrebens schließlich ganz in Vergessenheit zu geraten. Statt dessen wächst die Neigung, nicht mehr in erster Linie auf die Sicherheit, die Zahlungsbereitschaft, die technische Erfahrung und die sachverständige Beratung durch den Rückversicherer Wert zu legen, sondern nur noch auf möglichst hohe Gegenüberweisungen zu achten.

Oft hat sich eine derartige Geschäftspolitik als unzweckmäßig erwiesen, sei es, daß die Reziprozität sowohl dem Umfang wie der Qualität nach nicht den Erwartungen entsprach, sondern Verluste entstehen ließ, sei es, daß die damit verbundenen erhöhten eigenen Bearbeitungskosten, Transfer- und Währungsrisiken sowie die Unstabilität, welche die Reziprozität in die auf Dauer angelegten Rückversicherungsbeziehungen hineintragen kann, nachteilige Folgen hatten.

Das Verlangen nach Reziprozität pflegt dann auch regelmäßig nachzulassen, wenn Reziprozitätsabgaben über einen längeren Zeitraum Verluste erbringen. Dasselbe gilt, wenn die Konjunktur umschlägt, wobei oft zahlreiche Länder zugleich in die Verlustzone geraten. Ursache dafür sind die international oft parallel laufende Entwicklung der Schadenquoten als Folge der engen Verflechtung der nationalen Volkswirtschaften und der in weiten Teilen der Welt sich in ähnlicher Weise vollziehende technische Fortschritt.

Hinzu kommt, daß in vielen Ländern die Auslandstätigkeit der Erstversicherer erheblich zugenommen hat, zum Beispiel in der Europäischen Union. Damit ist die Wahrscheinlichkeit, aus verschiedenen Quellen an den gleichen Risiken beteiligt zu werden, erheblich gestiegen. Ein Schutz gegen derartige Gefahren ist kaum möglich, da die Unterrichtung über Art und Ausmaß der in Retrozessionsverträgen als Reziprozität überwiesenen Risiken normalerweise nicht möglich ist und deshalb unterbleiben muß.

Nicht selten wird aus diesen Gründen der unsicheren Gewinnaussicht aus Reziprozitätsüberweisungen eine dem Geschäftsverlauf angemessene Gestaltung der Rückversicherungsbedingungen, gegebenenfalls auch in Form von Superprovisionen oder zusätzlichen Gewinnanteilen, vorgezogen.

7. Poolvertrag

Der Versicherungspool beruht gleichfalls auf dem Gedanken der Gegenseitigkeit. Doch unterscheidet er sich sowohl nach seinem Zweck wie nach seinen Organisationsformen grundsätzlich von den zweiseitigen Austauschverträgen.

Versicherungs- und Rückversicherungsgesellschaften pflegen Poolverträge abzuschließen, um Risiken, die als besonders gefährlich oder unausgeglichen gelten, zumal solange sie neuartig sind, untereinander aufzuteilen und gemeinschaftlich zu tragen. Die bekanntesten Anwendungsfälle beispielsweise in der Bundesrepublik Deutschland sind der Deutsche Luftpool, die Deutsche Kernreaktor-Versicherungsgemeinschaft (DKVG) und die Deutsche Pharma-Rückversicherungs-Gemeinschaft (Pharmapool). Der Deutsche Luftpool ist ebenso wie der Pharmapool ein Rückversicherungspool. Die DKVG ist als Mitversicherungsgemeinschaft gegründet worden; gewisse Risiken, zum Beispiel Kernkraftwerke und Auslandsrisiken, zeichnet sie allerdings als Rückversicherungspool.

Bei beiden Formen verpflichten sich die Poolmitglieder, nach Maßgabe des Poolvertrages (der Poolsatzung) alle dort bezeichneten Risiken nur im Rahmen des Pools zu zeichnen und einen Anteil an allen eingebrachten oder gemeinschaftlich gezeichneten Risiken zu übernehmen.

Beim Rückversicherungspool werden die Versicherungen von einzelnen Poolmitgliedern abgeschlossen und meist ganz in den Pool eingebracht. Die Poolgeschäftsstelle verteilt das Geschäft dann wiederum an die Mitglieder in einem Umlageverfahren, wobei die Höhe des auf die einzelne Gesellschaft entfallenden Anteils nach einem festen Satz, der Zeichnungsquote, bestimmt wird.

Der Mitversicherungspool tritt auch nach außen insofern hervor, als hier die Poolmitglieder, vertreten durch die Poolleitung oder die Poolgeschäftsführung, den Versicherungsnehmern im Versicherungsschein unter Bezeichnung ihrer Anteile genannt werden. Wenn Rückversicherungsgesellschaften, die zum direkten Geschäft nicht zugelassen sind, einem solchen Pool angehören, werden ihre Anteile von den dem Pool angehörenden Erstversicherern vorgezeichnet.

Durch die Poolung werden die zu deckenden Risiken innerhalb einer häufig zahlreiche Mitglieder umfassenden Gefahrengemeinschaft zusammengefaßt, damit besser ausgeglichen und stark aufgesplittert. Jedes Mitglied ist nur mit dem Anteil, der sich aus einem von vornherein festgelegten Verteilungsschlüssel ergibt, an den vom Pool gedeckten Risiken beteiligt. Der Poolanteil wird entweder in Prozent der gesamten Poolzeichnungskapazität (zum Beispiel 5 %) oder in Anteilen (zum Beispiel 5 Anteile von insgesamt 100) oder (seltener) in festen Beträgen ausgedrückt.

Mit diesem Anteil ist nun das einzelne Poolmitglied nicht nur an den von ihm selbst gezeichneten und in den Pool eingebrachten Risiken, sondern auch an denjenigen beteiligt, die von anderen Mitgliedern dem Pool überwiesen werden.

Damit werden drei wichtige Ziele erreicht:
1. Die Anzahl der vom einzelnen Mitglied anteilig zu deckenden Risiken steigt; es tritt also eine versicherungstechnisch erwünschte Risikovermehrung ein.
2. Die Risikomischung im Bestand des Poolmitglieds wird verbessert.
3. Das Poolmitglied kann von einem Schaden nicht höher als mit dem von ihm gezeichneten Anteil betroffen werden; auch die Kumulgefahr kann dadurch, daß die Risiken bei der Poolgeschäftsführung zusammenlaufen und dort erfaßt werden, verhältnismäßig leicht ausgeschaltet werden.

Die wesentlichen Poolorgane sind:
1. die Mitgliederversammlung (Poolversammlung),
2. der Poolvorstand (Poolausschuß),
3. die Geschäftsführung (Poolzentrale).

Die Mitgliederversammlung ist das oberste Organ. Ihre Befugnisse sind meist ausgedehnter als diejenigen der Hauptversammlung einer Aktiengesellschaft. Oft umfassen sie zum Beispiel die Wahl des Poolvorstandes, die Aufstellung von Richtlinien für die Geschäftsführung, die Festsetzung von Zeichnungshöchstbeträgen und von Poolselbstbehalten, ferner die Genehmigung des Jahresabschlusses, die Entlastung von Poolvorstand und Geschäftsführung, Satzungsänderungen usw.

Der Poolvorstand besteht in der Regel aus Vorstandsmitgliedern von Mitgliedsgesellschaften. Er hat nicht nur Kontrollfunktionen wie der Aufsichtsrat einer Aktiengesellschaft, sondern beschließt meist in abgeleiteter oder eigener Kompetenz über Rückversicherungs-, Tarifierungs- und Bedingungsfragen.

Die Geschäftsführung liegt entweder bei einer Mitgliedsgesellschaft, gelegentlich bei einem spezialisierten Rückversicherungsunternehmen, oder bei einem besonderen Poolsekretariat. Zu den Aufgaben der Geschäftsführung gehört besonders die technische Bearbeitung der Risikoaufteilung. Sie ist die Sammelstelle für alle in den Pool eingebrachten Risiken. Sie hat sie weiter zu verteilen, das eingebrachte oder sonst gezeichnete Geschäft mit den Poolmitgliedern regelmäßig, meist vierteljährlich, abzurechnen, bei der Schadenregulierung, besonders in schwierigen Fällen, mitzuwirken und die gemeinsame Rückversicherung des Pools zu ordnen. Die Kosten der Geschäftsführung werden in der Regel nach Maßgabe der Poolanteile auf die Mitgliedsgesellschaften umgelegt.

Der Entlastung von Risiken, welche die Poolkapazität überschreiten, dienen Rückversicherungen, die der Pool für gemeinsame Rechnung abgibt; zur weiteren Verbesserung des angestrebten Ausgleichs können auch Rückversicherungen etwa von ausländischen, im gleichen Versicherungszweig tätigen Pools übernommen werden.

Ein Pool wird jedoch nur dann befriedigend arbeiten, wenn er die selbst gesetzten Grenzen seiner Tätigkeit beachtet, wenn kein Mitglied das Übergewicht besitzt und wenn alle Mitglieder die gleichen Prämien und Bedingungen verwenden, damit jede Bevorzugung einzelner Poolmitglieder vor anderen vermieden wird. Da diese Voraussetzungen nur in wenigen besonderen Fällen gegeben sind und da das bestehende System weltweiter Rückversicherungsverbindungen auch sehr hohe und sehr schwere Risiken zu bewältigen vermag, ist die Poolung als Verteilungsprinzip für gefährliche, neuartige Risiken nur in gewissen Grenzen zweckentsprechend, so sehr sie sich in geeigneten Fällen bewährt hat.

Literaturhinweise

Ayling, Underwriting Decisions under Uncertainty. The Catastrophe Market. Aldershot 1984.

Barile, A Practical Guide to Financial Reinsurance. New York 1991.

Barile/Barker, Reinsurance and Reinsurance Management. Oklahoma City 1981.

Bellerose, Reinsurance for the Beginner. London 1988.

Carter, Reinsurance. Brentford 1995.

Gerathewohl u.a., Rückversicherung, Grundlagen und Praxis, 2 Bände. Karlsruhe 1976.

Golding, The Law and Practice of Reinsurance. Brentford 1987.

Grossmann, E.: Life Reassurance. New York 1980.

Grossmann, M.: Rückversicherung – eine Einführung. Bern/Frankfurt 1990.

Hoffmann, Common Law of Reinsurance Loss Settlement Clauses, in: Tort and Insurance Law Journal. Chicago 1993.

IBR (Internationale Bibliographie der Rückversicherung). Herausgegeben von der Bayerischen Rückversicherung AG. München 1996/97.

Kiln, Reinsurance in Practice. London 1991.

– Reinsurance Underwriting. London 1989.

Koch, Rückversicherung, in: Handwörterbuch der Versicherung, S. 689 ff. Herausgegeben von D. Farny u.a. Karlsruhe 1988.

Die Kölnische Rück, Schriftenreihe. Köln.

Rangarajan, The Theory and Practice of Reinsurance. Singapore 1979.

Reich/Zeller, Spätschäden, in: Handwörterbuch der Versicherung, S. 807 ff. Herausgegeben von D. Farny u.a. Karlsruhe 1988.

Schmidt, Betriebswirtschaftliche Aspekte der Rückversicherung. Karlsruhe 1980.

Schulte, Rückversicherung in Deutschland und England. Karlsruhe 1990.

Swiss Re: A Reinsurance Manual of the Non-Life Branches. Zürich 1986.

Thompson, Reinsurance. Philadelphia 1951.

Vukailovic, Technisch-ökonomische Betrachtung der Rückversicherung. Heidelberg 1958.

Wiedemann/Hack, Rückversicherungsrecht, in: Handwörterbuch der Versicherung, S. 721 ff. Herausgegeben von D. Farny u.a. Karlsruhe 1988.

Anhang

Anhang 1:

**Rückversicherungsvertrag über eine
Proportionale Rückversicherung**

RÜCKVERSICHERUNGSVERTRAG

zwischen

ASSEKURANZIA
Versicherungs-Aktiengesellschaft, Berlin

und

Kölnische Rückversicherungs-Gesellschaft AG, Köln

Inhaltsverzeichnis

Verzeichnis der Anhänge

ASSEKURANZIA

Versicherungs-Aktiengesellschaft, Berlin

– im folgenden „Zedent" genannt –

und

Kölnische Rückversicherungs-Gesellschaft AG, Köln

– im folgenden „Rückversicherer" genannt –

treffen folgende Vereinbarung über eine

Proportionale Rückversicherung

mit der Maßgabe, daß die nachstehenden allgemeinen Bestimmungen durch einen oder mehrere Anhänge ergänzt werden. Jeder Anhang begründet zusammen mit den allgemeinen Bestimmungen einen rechtlich selbständigen Vertrag.

Art. 1 Grundlagen des Vertrages

1.1 Gegenstand

Gegenstand der Rückversicherung sind alle Versicherungen – einschließlich fakultativer Rückversicherungen –, die vom Zedenten in den im Anhang aufgeführten Versicherungszweigen gezeichnet werden.

Der Zedent verpflichtet sich, den Rückversicherer an allen unter diesen Vertrag fallenden Versicherungen entsprechend der im Anhang genannten Rückversicherungsform zu beteiligen. Der Rückversicherer ist verpflichtet, diese Beteiligungen zu übernehmen. Der Zedent ist berechtigt, einzelne Versicherungen ganz oder teilweise von der Rückversicherung unter diesem Vertrag auszunehmen, jedoch nur, soweit dies im Interesse beider Vertragsparteien liegt.

Die Beteiligung des Rückversicherers erfolgt zu den dem Zedenten zustehenden Originalprämien und -bedingungen sowie in Originalwährung.

Ausgeschlossen von der Rückversicherung sind solche Gefahren, Risiken, Versicherungsarten und -formen sowie Poolbeteiligungen, die im Anhang genannt sind.

1.2 Bedingungen und Tarife

Die Allgemeinen und die Besonderen Versicherungsbedingungen sowie die Tarife für die unter diesen Vertrag fallenden Versicherungszweige sind Bestandteil des Vertrages. Wesentliche Ergänzungen und Änderungen werden dem Rückversicherer bekanntgegeben.

1.3 Geschäftsführung, Folgepflicht

Die Geschäftsführung obliegt uneingeschränkt dem Zedenten. Er hat dabei so zu handeln, wie ein Versicherer handeln würde, der nicht rückversichert ist. Insoweit ist der Rückversicherer an alle Handlungen und Unterlassungen des Zedenten gebunden.

1.4 Schicksalsteilung

Der Rückversicherer teilt im Rahmen und nach Maßgabe dieses Vertrages das versicherungstechnische Schicksal des Zedenten.

1.5 Irrtümer

Irrtümer und versehentliche Unterlassungen berühren die durch diesen Vertrag begründeten Rechte und Pflichten nicht, vorausgesetzt, sie werden so bald wie möglich richtiggestellt.

Irrtümer und versehentliche Unterlassungen können weder bestehende Vereinbarungen außer Kraft setzen oder ergänzen noch die Eintrittspflicht des Rückversicherers über den Umfang hinaus erweitern, wie er ohne solche Irrtümer oder versehentliche Unterlassungen bestehen würde.

Art. 2 Umfang der Rückversicherung

2.1 Zeichnungsgebiet

Die Rückversicherung erstreckt sich – unbeschadet des geographischen Geltungsbereichs der Originalversicherungen – auf Versicherungen, die in dem im Anhang genannten Zeichnungsgebiet abgeschlossen werden, wenn die Versicherungsnehmer dort ihren Sitz haben oder der Versicherungsort sich dort befindet.

2.2 Höchstzeichnungssummen, Selbstbehalt und Rückversicherungsabgabe

Die für den Rückversicherungsvertrag maßgeblichen Höchstzeichnungssummen sowie deren Aufteilung auf Selbstbehalt und Rückversicherungsabgabe sind im Anhang bezeichnet. Wird der Selbstbehalt durch anderweitige Rückversicherung ermäßigt, ist dies dem Rückversicherer unverzüglich anzuzeigen.

2.3 Anteil des Rückversicherers

Der Rückversicherer ist an der Rückversicherungsabgabe mit dem im Anhang bezeichneten Anteil beteiligt.

Art. 3 Haftung des Rückversicherers

3.1 Beginn der Haftung

Die Haftung des Rückversicherers beginnt beim Neugeschäft gleichzeitig mit der Haftung des Zedenten, beim Bestandsgeschäft mit der jeweiligen Jahresfälligkeit der Originalversicherungen, sofern im Anhang

- weder eine Beteiligung des Rückversicherers an der Prämie für das bei Beginn des Rückversicherungsvertrages bestehende Portefeuille (Portefeuille-Eintritt)

- noch eine Beteiligung des Rückversicherers an den Schadenrückstellungen für vor Beginn des Rückversicherungsvertrages eingetretene Versicherungsfälle (Schadenreserve-Eintritt)

vorgesehen ist.

Ist im Anhang ein Portefeuille-Eintritt vorgesehen, beginnt die Haftung des Rückversicherers für das Bestandsgeschäft mit Beginn des Rückversicherungsvertrages.

Ist im Anhang ein Schadenreserve-Eintritt vorgesehen, erstreckt sich die Haftung des Rückversicherers auch auf Versicherungsfälle aus vor Vertragsbeginn liegenden Jahrgängen, für die ihm Schadenrückstellungen übertragen worden sind. Der Zedent wird diese Schadenrückstellungen nachträglich berichtigen, sofern die tatsächlichen Aufwendungen für die betreffenden Versicherungsfälle zu Unbilligkeiten für die eine oder andere Seite führen.

3.2 Beendigung der Haftung

Bei Beendigung des Rückversicherungsvertrages hat der Zedent das Recht, die anteilige Prämie des Rückversicherers für noch nicht abgelaufene Versicherungen zu den im Anhang genannten Bedingungen zurückzufordern (Portefeuille-Austritt); in diesem Fall endet die Haftung des Rückversicherers mit Ablauf des Vertrages. Macht der Zedent von der Möglichkeit des Portefeuille-Austritts keinen Gebrauch, endet die Haftung des Rückversicherers mit Ablauf, spätestens jedoch zur nächsten Jahresfälligkeit, der vom Zedenten übernommenen Versicherungen.

Ist für den Fall der Vertragsbeendigung im Anhang keine Ablösung der Schadenrückstellungen durch Zahlung (Schadenreserve-Austritt) vereinbart, dauert die Leistungspflicht des Rückversicherers für während des Haftungszeitraums eingetretene Versicherungsfälle so lange an, bis alle Versicherungsfälle endgültig reguliert sind.

Sofern im Anhang ein Schadenreserve-Austritt vereinbart ist, erlischt jegliche Leistungspflicht des Rückversicherers mit Zahlung des Betrages für den Schadenreserve-Austritt. Art. 3.1, letzter Satz, gilt entsprechend.

3.3 Haftung bei Anteilsänderung

Im Falle einer Anteilserhöhung oder -reduzierung gelten die Bestimmungen des Art. 3.1 bis 3.2 sinngemäß.

Art. 4 Rückversicherungsvergütungen

Der Zedent erhält auf die dem Rückversicherer verrechnete Prämie die im Anhang bezeichnete Provision sowie sonstige dort festgelegte Vergütungen.

Sofern im Anhang eine Gewinnbeteiligung vereinbart ist, wird das Ergebnis durch Abzug der Ausgaben von den Einnahmen wie folgt ermittelt:

Einnahmen
– Prämienübertrag zum Beginn des Gewinnberechnungszeitraumes und/oder Portefeuille-Eintritt
– Schaden- (einschließlich Renten-)Rückstellungen zum Beginn des Gewinnberechnungszeitraumes und/oder Schadenreserve-Eintritt
– Sonstige Rückstellungen zum Beginn des Gewinnberechnungszeitraumes und/oder Eintritt in die sonstigen Rückstellungen
– Rückversicherungsprämien des Gewinnberechnungszeitraumes

Ausgaben

- Rückversicherungsprovision und sonstige Vergütungen
- bezahlte Schäden (einschließlich Renten)
- Schaden- (einschließlich Renten-)Rückstellungen am Ende des Gewinnberechnungszeitraumes bzw. Schadenreserve-Austritt
- Sonstige Rückstellungen am Ende des Gewinnberechnungszeitraumes
- Prämienübertrag am Ende des Gewinnberechnungszeitraumes bzw. Portefeuille-Austritt
- Verwaltungskosten des Rückversicherers in Höhe des im Anhang genannten Prozentsatzes der unter Einnahmen genannten Rückversicherungsprämien
- Vortrag eines etwaigen Verlustes aus der vorangegangenen Gewinnberechnung

Das Ergebnis wird, sofern im Anhang nichts Abweichendes bestimmt ist, jährlich auf Kalenderjahr-Basis ermittelt.

Führt die Ergebnisermittlung zu einem Überschuß der Einnahmen über die Ausgaben (Gewinn), erhält der Zedent vom Gewinn den im Anhang genannten Anteil. Etwaige Verluste werden, wie im Anhang festgelegt, vorgetragen.

Art. 5 Schäden

Der Rückversicherer übernimmt die auf seinen Anteil entfallenden Zahlungen für Versicherungsfälle sowie die externen Schadenermittlungskosten. Interne Schadenermittlungskosten sowie Schadenbearbeitungskosten des Zedenten sind nicht als Schäden zu erstatten, sondern gelten mit der Provision als abgegolten.

Der Rückversicherer erhält anteilig Rückflüsse aus Versicherungsfällen, an deren Zahlung er beteiligt worden ist.

Art. 6 Rückversicherungsaufgaben und Schadenanzeigen

Der Zedent übermittelt die im Anhang näher bezeichneten Angaben zu den unter diesem Vertrag rückgedeckten Versicherungen und zeigt unverzüglich alle Schäden an, die im Anhang der Schadenhöhe und -art nach genannt sind.

Der Zedent gibt dem Rückversicherer ferner – nach Versicherungszweigen oder -arten getrennt – in Originalwährung die zum 31.12. eines Kalenderjahres gestellten Schadenrückstellungen bekannt, und zwar aufgegliedert nach Zeichnungs- bzw. Anfalljahren.

Art. 7 Abrechnung, Saldenausgleich und Schadeneinschuß

Spätestens drei Monate nach Quartalsende übermittelt der Zedent dem Rückversicherer Quartalsabrechnungen in Originalwährung. Diese sind – getrennt nach den unter diesen Vertrag fallenden Versicherungszweigen oder -arten – nach Zeichnungs- bzw. Anfalljahren aufzugliedern.

Der Rückversicherer bestätigt innerhalb von vier Wochen nach Erhalt der Abrechnung deren Richtigkeit oder erhebt etwaige Einwendungen. Andernfalls gilt die Abrechnung als anerkannt.

Der Zedent begleicht einen Saldo zugunsten des Rückversicherers mit der Übersendung der Abrechnung, spätestens jedoch vier Wochen nach Absendung der Abrechnung. Ein Saldo zugunsten des Zedenten wird vom Rückversicherer zusammen mit dem Richtigbefund, spätestens jedoch vier Wochen nach Erhalt der Abrechnung, ausgeglichen. Werden vom Rückversicherer Einwendungen erhoben, hat der Rückversicherer den anerkannten Teilbetrag des Saldos unverzüglich zu begleichen. Der Differenzbetrag ist unverzüglich nach Klärung der Einwendungen zu zahlen.

Übersteigt eine fällige Schadenzahlung des Zedenten den im Anhang festgelegten Betrag (Schadeneinschußgrenze), so überweist der Rückversicherer seinen Anteil auf Verlangen des Zedenten unverzüglich. Jede Partei hat das Recht, fällige Salden zu ihren Lasten gegen fällige Salden zu ihren Gunsten – auch wenn diese aus anderen Verträgen oder Geschäften resultieren – aufzurechnen.

Art. 8 Informationsrecht

Der Rückversicherer ist berechtigt, während der Geschäftszeiten in den Geschäftsräumen des Zedenten nach entsprechender schriftlicher Voranmeldung Einsicht in alle Unterlagen zu nehmen, die die unter diesen Vertrag fallenden Versicherungen und ihre Rückversicherung betreffen. Der Rückversicherer kann darüber hinaus verlangen, daß ihm auf seine Kosten Kopien oder Auszüge dieser Unterlagen überlassen werden.

Das Informationsrecht steht dem Rückversicherer auch nach Beendigung des Rückversicherungsvertrages zu, solange er ein Informationsinteresse geltend macht.

Art. 9 Laufzeit des Vertrages

9.1 Vertragsdauer und Kündigung

Die einzelnen Verträge beginnen mit dem im betreffenden Anhang genannten Zeitpunkt und sind auf unbestimmte Dauer geschlossen. Beide Parteien können einzelne oder alle Verträge mit einer Frist von mindestens drei Monaten zum Ende eines jeden Jahres kündigen.

9.2 Außerordentliche Kündigung

Jede Partei hat das Recht, den Vertrag auch zu einem früheren Zeitpunkt ohne Einhaltung einer Kündigungsfrist zu kündigen, wenn

a) die Erfüllung des Vertrages aus Gründen, die nicht von der kündigenden Partei zu vertreten sind, rechtlich oder tatsächlich unmöglich wird;

b) die andere Partei in Zahlungsschwierigkeiten gerät, über sie das Konkurs- oder Liquidationsverfahren eröffnet oder ihr die Erlaubnis zum Geschäftsbetrieb entzogen wird;

c) die andere Partei ihr eingezahltes Kapital ganz oder teilweise verliert;

d) die andere Partei fusioniert oder sich ihre Eigentums- oder Beherrschungsverhältnisse wesentlich ändern;

e) die andere Partei ihren vertraglichen Verpflichtungen trotz Abmahnung nicht nachkommt;

f) das Gebiet, in dem die andere Partei ihren Sitz oder ihre Hauptverwaltung hat, in bewaffnete Feindseligkeiten mit irgendeinem anderen Land verwickelt wird, auch wenn Krieg nicht erklärt ist, oder es teilweise oder ganz von einer anderen Macht besetzt wird.

9.3 Form der Kündigung

Die Kündigung ist schriftlich durch eingeschriebenen Brief, Fernschreiben, Telegramm oder Telefax abzugeben.

Falls die Nachrichtenverbindungen unterbrochen sind, gilt eine Kündigungserklärung als zugegangen, sobald sie nachweislich an den Hauptsitz der anderen Partei abgesandt oder der Versuch dazu nachweislich unternommen worden ist.

Art. 10 Anwendbares Recht und Schiedsgerichtsvereinbarung

Der Vertrag unterliegt deutschem Recht.

Streitigkeiten aus dem Vertrag werden unter Ausschluß des ordentlichen Rechtsweges von einem aus drei Mitgliedern bestehenden Schiedsgericht entschieden, das am Sitz des Zedenten tagt.

Die Mitglieder des Schiedsgerichtes müssen aktive oder im Ruhestand lebende Vorstandsmitglieder von Versicherungs- oder Rückversicherungsgesellschaften sein.

Jede Partei ernennt einen Schiedsrichter. Versäumt es eine Partei, ihren Schiedsrichter binnen vier Wochen nach Aufforderung durch die andere Partei zu benennen, so wird der zweite Schiedsrichter durch den Präsidenten der Industrie- und Handelskammer am Sitz dieser Partei ernannt. Vor Eintritt in das Verfahren wählen beide Schiedsrichter einen Obmann. Einigen sie sich hierüber nicht innerhalb von vier Wochen nach ihrer Ernennung, so wird der Obmann durch den Präsidenten der Industrie- und Handelskammer am Sitz des Zedenten ernannt. Der Obmann leitet die Verhandlungen und gibt die Entscheidungen des Schiedsgerichts mündlich und schriftlich bekannt.

Die Schiedsrichter haben in erster Linie nach den Gepflogenheiten der Rückversicherungspraxis und nach Treu und Glauben zu urteilen. Sie sollen ihre Entscheidung spätestens vier Monate nach der Ernennung des Obmanns fällen. Die Entscheidung ergeht durch Mehrheitsbeschluß und ist schriftlich zu begründen.

Die Schiedsrichter sind befugt, eine Entscheidung auch über die Gültigkeit oder Ungültigkeit des Vertrages und, sollten eine oder mehrere Bestimmungen des Vertrages nichtig oder unwirksam sein, über die Folgen hieraus zu treffen. Das Schiedsgericht entscheidet auch über die Verteilung der Kosten des Verfahrens. Für Klagen auf Zahlung anerkannter Salden sind die ordentlichen Gerichte zuständig.

Gegen den Spruch des Schiedsgerichtes gibt es kein Rechtsmittel.

Berlin, den

Assekuranzia
Versicherungs-Aktiengesellschaft

Köln, den

Kölnische Rückversicherungs-
Gesellschaft AG

Anhang Nr. 9 zum

RÜCKVERSICHERUNGSVERTRAG

zwischen

Assekuranzia
Versicherungs-Aktiengesellschaft, Berlin

und

Kölnische Rückversicherungs-Gesellschaft AG, Köln

Technische Versicherungen-Summenexzedenten-Rückversicherung

Zu Art. 1

Versicherungszweig: Technische Versicherungen (Maschinen-, Elektronik-, Montage-, Bauleistungs-, Maschinen-Garantie-Versicherungen sowie Maschinen- und Elektronik-Betriebsunterbrechungs- bzw. Mehrleistungsversicherungen)

Rückversicherungsform: Summenexzedent

Ausschlüsse: – Obligatorische Rückversicherungen
– Kernenergierisiken gemäß Anlage 1

Zu Art. 2

Zeichnungsgebiet: Deutschland sowie deutsche Interessen im Ausland (d.h. Mitversicherung von ausländischen Unternehmen, die sich direkt oder indirekt mehrheitlich im Kapitalbesitz eines deutschen Versicherungsnehmers befinden).

Höchstzeichnungssumme: DEM 10.000.000 pro wahrscheinlichem Höchstschaden (PML).

Selbstbehalt: Alle Versicherungen mit PMLs bis zu DEM 1.000.000, bei höheren PMLs der entsprechende prozentuale Anteil.

Rückversicherungsabgabe: Bis zum Neunfachen des Selbstbehalts

Anteil des Rückversicherers: 50 % der Rückversicherungsabgabe

Zu Art. 3

Portefeuille-Eintritt: Der Rückversicherer tritt in das bestehende Portefeuille ein. Die Portefeuilleprämie wird pro rata temporis unter Abzug der Rückversicherungsprovision berechnet.

Portefeuille-Austritt: Nach Wahl des Zedenten. Die Portefeuilleprämie wird ggf. pro rata temporis unter Abzug der Rückversicherungsprovision berechnet.

Schadenreserve-Eintritt und -Austritt:	Entfällt

Zu Art. 4

Provision:	30 %
Gewinnbeteiligung:	15 % (Verwaltungskosten des Rückversicherers: 3 %; Verlustvortrag: bis zur Tilgung). Der Prämienübertrag wird pro rata temporis unter Abzug der Rückversicherungsprovision berechnet.

Zu Art. 6

Rückversicherungsaufgaben:	Keine
Schadenanzeigen:	Alle Versicherungsfälle, deren Aufwand (gezahlt und/oder reserviert) für den Anteil der Rückversicherungsabgabe DEM 300.000 übersteigt.

Zu Art. 7

Schadeneinschußgrenze:	DEM 500.000 für den Anteil der Rückversicherungsabgabe

Zu Art. 9

Vertragsbeginn:	1. Januar 1998

Berlin, den

Assekuranzia
Versicherungs-Aktiengesellschaft

Köln, den

Kölnische Rückversicherungs-Gesellschaft AG

Ausschluß von Kernenergierisiken in der TV-Rückversicherung

Ausgeschlossen von der Rückversicherung sind alle Technischen Versicherungen von

1. Kernkraftwerken und -reaktoren;

2. sonstigen Betriebsstätten oder Einrichtungen, die in irgendeiner Weise im Zusammenhang stehen mit

   a) der Gewinnung von Kernenergie oder

   b) der Gewinnung, Lagerung, Be- oder Verarbeitung von Brennelementen oder sonstigen Kernbrennstoffen oder radioaktivem Abfall;

3. allen sonstigen Betriebsstätten, Einrichtungen oder sonstigen Risiken, die bei der Deutschen Kernreaktor-Versicherungsgemeinschaft (DKVG) oder bei einem anderen Pool versichert oder rückversichert werden können, jedoch nur insoweit, als eine Einbringungspflicht besteht.

Nicht ausgeschlossen von der Rückversicherung sind

a) Versicherungen für Bau, Montage, Einrichtung oder Ausrüstung von Gebäuden, Anlagen und sonstigen Sachen (einschließlich der in diesem Zusammenhang verwendeten Arbeitsgeräte und Ausrüstungsgegenstände)

   – zur Lagerung von Brennelementen, solange deren Einlagerung noch nicht begonnen hat,

   – für Reaktoranlagen, solange das Beladen des Reaktors mit Brennelementen noch nicht begonnen hat, oder – wenn dies der Versicherungsbeginn des Pools ist – vor der ersten Kritikalität;

b) Maschinen- oder andere technische Versicherungen, die weder unter Ziff. a) fallen noch eine Deckung für die hochradioaktive Zone beinhalten.

Anhang 2:

**Rückversicherungsvertrag über eine
Nicht-proportionale Rückversicherung**

RÜCKVERSICHERUNGSVERTRAG

zwischen

ASSEKURANZIA
Versicherungs-Aktiengesellschaft, Berlin

und

Kölnische Rückversicherungs-Gesellschaft AG, Köln

Inhaltsverzeichnis

Verzeichnis der Anhänge

ASSEKURANZIA
Versicherungs-Aktiengesellschaft, Berlin

– im folgenden „Zedent" genannt –

und

Kölnische Rückversicherungs-Gesellschaft AG, Köln

– im folgenden „Rückversicherer" genannt –

treffen folgende Vereinbarung über eine

Nicht-proportionale Rückversicherung

mit der Maßgabe, daß die nachstehenden allgemeinen Bestimmungen durch einen oder mehrere Anhänge ergänzt werden. Jeder Anhang begründet zusammen mit den allgemeinen Bestimmungen einen rechtlich selbständigen Vertrag.

Art. 1 Grundlagen des Vertrages

1.1 Gegenstand

Gegenstand der Rückversicherung sind Schäden aus Versicherungen – einschließlich fakultativer Rückversicherungen –, die in den im Anhang aufgeführten Versicherungszweigen vom Rückversicherten gezeichnet werden.

Ausgeschlossen von der Rückversicherung sind solche Gefahren, Risiken, Versicherungsarten und -formen sowie Poolbeteiligungen, die im Anhang genannt sind.

1.2 Bedingungen, Tarife und Zeichnungsgrundsätze

Die Allgemeinen und die Besonderen Versicherungsbedingungen sowie die Tarife für die unter diesen Vertrag fallenden Versicherungszweige sind Bestandteil des Vertrages. Wesentliche Ergänzungen und Änderungen werden dem Rückversicherer bekanntgegeben.

Der Rückversicherte verpflichtet sich, seine bei Abschluß dieses Vertrages angewandten Grundsätze in bezug auf die Zeichnung und Rückversicherung der unter diesen Vertrag fallenden Versicherungszweige nicht ohne Einverständnis des Rückversicherers wesentlich zu ändern.

1.3 Geschäftsführung, Folgepflicht

Die Geschäftsführung obliegt uneingeschränkt dem Rückversicherten. Er hat dabei so zu handeln, wie ein Versicherer handeln würde, der nicht rückversichert ist. Insoweit ist der Rückversicherer an alle Handlungen und Unterlassungen des Rückversicherten gebunden.

1.4 Schicksalsteilung

Der Rückversicherer teilt im Rahmen und nach Maßgabe dieses Vertrages das versicherungstechnische Schicksal des Rückversicherten.

1.5 Irrtümer

Irrtümer und versehentliche Unterlassungen berühren die durch diesen Vertrag begründeten Rechte und Pflichten nicht, vorausgesetzt, sie werden sobald wie möglich richtiggestellt.

Irrtümer und versehentliche Unterlassungen können weder bestehende Vereinbarungen außer Kraft setzen oder ergänzen noch die Eintrittspflicht des Rückversicherers über den Umfang hinaus erweitern, wie er ohne solche Irrtümer oder versehentliche Unterlassungen bestehen würde.

Art. 2 Umfang der Rückversicherung

2.1 Zeichnungsgebiet

Die Rückversicherung erstreckt sich – unbeschadet des geographischen Geltungsbereichs der Originalversicherungen – auf Schäden aus Versicherungen, die in dem im Anhang genannten Zeichnungsgebiet abgeschlossen werden, wenn die Versicherungsnehmer dort ihren Sitz haben oder der Versicherungsort sich dort befindet.

2.2 Selbstbehalt, Priorität und Rückversicherungshaftung

Die Rückversicherung erstreckt sich auf den im Anhang festgelegten Selbstbehalt, welcher ohne Zustimmung des Rückversicherers nicht geändert werden darf. Die Leistung des Rückversicherers erhöht sich nicht dadurch, daß der tatsächliche Selbstbehalt – gleichgültig aus welchem Grunde (z.B. infolge Irrtums oder versehentlicher Unterlassung anderweitiger Rückversicherung) – im Einzel- oder Regelfall höher ist.

Der Rückversicherer übernimmt im Rahmen der im Anhang festgelegten Rückversicherungshaftung den Teil des endgültigen Nettoschadens, der die dort genannte Priorität übersteigt. Priorität und Rückversicherungshaftung gelten – je nach Festlegung im Anhang – für Einzelschäden, die einzelne oder mehrere Risiken betreffen, oder für einzelne und mehrere Schäden, die aus einem Ereignis entstehen. Bei der Jahresüberschaden-Rückversicherung beziehen sich Priorität und Rückversicherungshaftung auf die Gesamtheit aller Schäden eines Rückversicherungsjahres.

2.3 Anteil des Rückversicherers

Der Rückversicherer ist an der Rückversicherungshaftung sowie an der Rückversicherungsprämie mit dem im Anhang bezeichneten Anteil beteiligt.

Art. 3 Haftung des Rückversicherers

3.1 Haftungsgrundlage

Beginn und Ende der Haftung des Rückversicherers bestimmen sich – je nach der im Anhang festgelegten Haftungsgrundlage – wie folgt:

a) Bei Rückversicherungen auf Schadenanfalljahrbasis erstreckt sich die Haftung des Rückversicherers auf alle Schäden, die innerhalb eines Rückversicherungsjahres eintreten.

b) Bei Rückversicherungen auf Zeichnungsjahrbasis erstreckt sich die Haftung des Rückversicherers auf Schäden aus allen Versicherungen, die innerhalb eines Rückversicherungsjahres beginnen oder verlängert werden.

Bei Beendigung des Rückversicherungsvertrages erlischt die Haftung des Rückversicherers mit dem natürlichen Auslauf der einzelnen Versicherungen, spätestens jedoch mit deren nächster Jahresfälligkeit.

Das Ende der Haftung berührt nicht die Leistungspflicht des Rückversicherers für während des Haftungszeitraums eingetretene Versicherungsfälle.

Ist zweifelhaft, ob ein Schaden vor oder nach Ablauf eines Rückversicherungsjahres eingetreten ist, gilt er in seiner Gesamtheit als vor dem Ablauf eingetreten. Dasselbe gilt, wenn ein Schaden über den Ablauf eines Rückversicherungsjahres hinaus andauert.

3.2 Wiederauffüllung der Haftung/Jahreshöchsthaftung

Falls im Anhang nichts anderes bestimmt ist, steht der Haftungsbetrag des Rückversicherers pro Schadenanfalljahr bzw. Zeichnungsjahr nur einmal zur Verfügung.

Soweit im Anhang eine Wiederauffüllung der Haftung vorgesehen und der Haftungsbetrag – ungeachtet der Anzahl der Schadensfälle bzw. Ereignisse – ganz oder teilweise aufgebraucht ist, wird dieser rückwirkend zum entsprechenden Zeitpunkt bis zum ursprünglich vereinbarten Betrag so lange wiederaufgefüllt, bis die im Anhang genannte Jahreshöchsthaftung erreicht ist.

Art. 4 Rückversicherungsprämie

4.1 Vorläufige und endgültige Prämie

Der Rückversicherer erhält die im Anhang festgelegte Prämie, und zwar frei von Provision und sonstigen Abzügen.

Ist ein fester oder variabler Prämiensatz vereinbart, wird zu Beginn eines jeden Rückversicherungsjahres die im Anhang bezeichnete Vorausprämie entrichtet. Die endgültige Prämie errechnet sich auf der Grundlage der Prämie für eigene Rechnung für die unter die Rückversicherung fallenden Versicherungszweige (Selbstbehalts-Basisprämie) bzw. der Gesamt-Versicherungssumme für den Selbstbehalt mit der Maßgabe, daß sie die im Anhang festgelegte Mindestprämie nicht unterschreiten darf.

Im Falle eines variablen Prämiensatzes entspricht dieser – im Rahmen des im Anhang genannten Mindest- und Höchstsatzes – dem Verhältnis des auf den Rückversicherer entfallenden Schadenaufwands zur gebuchten Selbstbehalts-Basisprämie bzw. Gesamt-Versicherungssumme für den Selbstbehalt (Schadensatz), erhöht um den im Anhang festgelegten Zuschlagsfaktor. Die Berechnung des Prämiensatzes erfolgt erstmals zum Ende des betreffenden Rückversicherungsjahres und wird jährlich entsprechend der Veränderung des Schadensatzes angepaßt, sofern dies zu einer Berichtigung der Prämie führt.

4.2 Wiederauffüllungsprämie

Soweit im Anhang für die Wiederauffüllung der Haftung eine Zusatzprämie vereinbart ist, beläuft sich diese auf den Teil der Prämie gemäß Art. 4.1, der dem Verhältnis der vom Rückversicherer bezahlten Schäden zum Haftungsbetrag (pro rata capita) entspricht. Die Wiederauffüllungsprämie ist gleichzeitig mit der Zahlung der Rückversicherungsentschädigung fällig.

Art. 5 Endgültiger Nettoschaden

Als endgültiger Nettoschaden gelten die Zahlungen – einschließlich externer Schadenermittlungskosten –, die der Rückversicherte für die endgültige Regulierung von Versicherungsfällen aufzuwenden hat. Interne Schadenermittlungskosten sowie Schadenbearbeitungskosten des Rückversicherten gelten nicht als Schäden.

Der Rückversicherer leistet vorläufige Zahlungen, sobald die Priorität durch Schadenzahlungen überschritten wird, auch wenn der endgültige Nettoschaden zu diesem Zeitpunkt noch nicht feststeht.

Bei der Ermittlung des endgültigen Nettoschadens sind Schadenrückflüsse und andere schadenmindernde Leistungen Dritter sowie Entschädigungen aus anderweitigen Rückversicherungen abzuziehen. Dies gilt nicht für Entschädigungen aus vorangehenden Deckungsabschnitten, wenn der vorliegende Vertrag Teil eines aus mehreren Deckungsabschnitten bestehenden Schadenexzedentenprogramms ist.

Die Leistung des Rückversicherers erhöht sich nicht dadurch, daß der Rückversicherte ihm zustehende Leistungen anderer Rückversicherer nicht erhält.

Art. 6 Schadenanzeigen

Der Rückversicherte zeigt unverzüglich alle Schäden an, die im Anhang der Schadenhöhe und -art nach genannt sind.

Der Rückversicherte gibt dem Rückversicherer ferner – pro Einzelschaden – die Schadenrückstellung zum 31.12. eines jeden Kalenderjahres in Originalwährung unter Zuordnung zu dem betreffenden Schadenanfall- bzw. Zeichnungsjahr bekannt. Bei Jahresüberschadendeckungen werden die Schadenrückstellungen summarisch aufgegeben.

Art. 7 Abrechnung und Saldenausgleich

Spätestens drei Monate nach Ende eines Rückversicherungsjahres übermittelt der Rückversicherte dem Rückversicherer eine Jahresabrechnung in Originalwährung. Diese weist die gemäß Art. 4 ermittelte Rückversicherungs-(einschließlich Wiederauffüllungs-)Prämie sowie die auf den Rückversicherer entfallenden Schadenzahlungen abzüglich bereits geleisteter Vorauszahlungen aus.

Der Rückversicherer bestätigt innerhalb von vier Wochen nach Erhalt der Abrechnung deren Richtigkeit oder erhebt etwaige Einwendungen. Anderenfalls gilt die Abrechnung als anerkannt.

Der Rückversicherte begleicht einen Saldo zugunsten des Rückversicherers mit der Übersendung der Abrechnung, spätestens jedoch vier Wochen nach Absendung der Abrechnung. Ein Saldo zugunsten des Rückversicherten wird vom Rückversicherer zusammen mit dem Richtigbefund, spätestens jedoch vier Wochen nach Erhalt der Abrechnung, ausgeglichen. Werden vom Rückversicherer Einwendungen erhoben, hat er den anerkannten Teilbetrag des Saldos unverzüglich zu begleichen. Der Differenzbetrag ist unverzüglich nach Klärung der Einwendungen zu zahlen.

Jede Partei hat das Recht, fällige Salden zu ihren Lasten gegen fällige Salden zu ihren Gunsten – auch wenn diese aus anderen Verträgen oder Geschäften resultieren – aufzurechnen.

Art. 8 Informationsrecht

Der Rückversicherer ist berechtigt, während der Geschäftszeiten in den Geschäftsräumen des Rückversicherten nach entsprechender schriftlicher Voranmeldung Einsicht in alle Unterlagen zu nehmen, die die unter diesen Vertrag fallenden Versicherungen und ihre Rückversicherung betreffen. Der Rückversicherer kann darüber hinaus verlangen, daß ihm auf seine Kosten Kopien oder Auszüge dieser Unterlagen überlassen werden.

Das Informationsrecht steht dem Rückversicherer auch nach Beendigung des Rückversicherungsvertrages zu, solange er ein Informationsinteresse geltend macht.

Art. 9 Laufzeit des Vertrages

9.1 Vertragsdauer und Kündigung

Die einzelnen Verträge beginnen mit dem im betreffenden Anhang genannten Zeitpunkt und sind auf unbestimmte Dauer geschlossen mit der Maßgabe, daß jede auf den Vertragsbeginn folgende 12-Monats-Periode ein Rückversicherungsjahr darstellt. Beide Parteien können einzelne oder alle Verträge mit einer Frist von mindestens drei Monaten zum Ende eines jeden Rückversicherungsjahres kündigen.

9.2 Außerordentliche Kündigung

Jede Partei hat das Recht, den Vertrag auch zu einem früheren Zeitpunkt ohne Einhaltung einer Kündigungsfrist zu kündigen, wenn

a) die Erfüllung des Vertrages aus Gründen, die nicht von der kündigenden Partei zu vertreten sind, rechtlich oder tatsächlich unmöglich wird;

b) die andere Partei in Zahlungsschwierigkeiten gerät, über sie das Konkurs- oder Liquidationsverfahren eröffnet oder ihr die Erlaubnis zum Geschäftsbetrieb entzogen wird;

c) die andere Partei ihr eingezahltes Kapital ganz oder teilweise verliert;

d) die andere Partei fusioniert oder sich ihre Eigentums- oder Beherrschungsverhältnisse wesentlich ändern;

e) die andere Partei ihren vertraglichen Verpflichtungen trotz Abmahnung nicht nachkommt;

f) das Gebiet, in dem die andere Partei ihren Sitz oder ihre Hauptverwaltung hat, in bewaffnete Feindseligkeiten mit irgendeinem anderen Land verwickelt wird, auch wenn Krieg nicht erklärt ist, oder es teilweise oder ganz von einer anderen Macht besetzt wird.

9.3 Form der Kündigung

Die Kündigung ist schriftlich durch eingeschriebenen Brief, Fernschreiben, Telegramm oder Telefax abzugeben.

Falls die Nachrichtenverbindungen unterbrochen sind, gilt eine Kündigungserklärung als zugegangen, sobald sie nachweislich an den Hauptsitz der anderen Partei abgesandt oder der Versuch dazu nachweislich unternommen worden ist.

Art. 10 Anwendbares Recht und Schiedsgerichtsvereinbarung

Der Vertrag unterliegt deutschem Recht.

Streitigkeiten aus dem Vertrag werden unter Ausschluß des ordentlichen Rechtsweges von einem aus drei Mitgliedern bestehenden Schiedsgericht entschieden, das am Sitz des Rückversicherten tagt.

Die Mitglieder des Schiedsgerichtes müssen aktive oder im Ruhestand lebende Vorstandsmitglieder von Versicherungs- oder Rückversicherungsgesellschaften sein.

Jede Partei ernennt einen Schiedsrichter. Versäumt es eine Partei, ihren Schiedsrichter binnen vier Wochen nach Aufforderung durch die andere Partei zu benennen, so wird der zweite Schiedsrichter durch den Präsidenten der Industrie- und Handelskammer am Sitz dieser Partei ernannt. Vor Eintritt in das Verfahren wählen beide Schiedsrichter einen Obmann. Einigen sie sich hierüber nicht innerhalb von vier Wochen nach ihrer Ernennung, so wird der Obmann durch den Präsidenten der Industrie- und Handelskammer am Sitz des Rückversicherten ernannt. Der Obmann leitet die Verhandlungen und gibt die Entscheidungen des Schiedsgerichtes mündlich und schriftlich bekannt.

Die Schiedsrichter haben in erster Linie nach den Gepflogenheiten der Rückversicherungspraxis und nach Treu und Glauben zu urteilen. Sie sollen ihre Entscheidung spätestens vier Monate nach der Ernennung des Obmanns fällen. Die Entscheidung ergeht durch Mehrheitsbeschluß und ist schriftlich zu begründen.

Die Schiedsrichter sind befugt, eine Entscheidung auch über die Gültigkeit oder Ungültigkeit des Vertrages und, sollten eine oder mehrere Bestimmungen des Vertrages nichtig oder unwirksam sein, über die Folgen hieraus zu treffen. Das Schiedsgericht entscheidet auch über die Verteilung der Kosten des Verfahrens. Für Klagen auf Zahlung anerkannter Salden sind die ordentlichen Gerichte zuständig.

Gegen den Spruch des Schiedsgerichtes gibt es kein Rechtsmittel.

Berlin, den   Köln, den

Assekuranzia   Kölnische Rückversicherungs-
Versicherungs-Aktiengesellschaft   Gesellschaft AG

Anhang Nr. 3.2 zum

RÜCKVERSICHERUNGSVERTRAG

zwischen

Assekuranzia
Versicherungs-Aktiengesellschaft, Berlin

und

Kölnische Rückversicherungs-Gesellschaft AG,
Köln

Kraftfahrt-Haftpflicht-Schadenexzedenten-Rückversicherung, II. Layer
für den Selbstbehalt unter der Quotenrückversicherung

Zu Art. 1

Versicherungszweig:	Kraftfahrt-Haftpflichtversicherung
Ausschlüsse:	Obligatorische Rückversicherungen

Zu Art. 2

Zeichnungsgebiet:	Deutschland
Selbstbehalt:	70% aus unbegrenzter Deckung für Personen-, Sach- und Vermögensschäden, für die einzelne geschädigte Person jedoch nicht mehr als DEM 7.500.000.
Priorität:	DEM 1.400.000 pro Einzelschaden je Risiko ($\cong$ DEM 2.000.000 Bruttoschaden). Diese Priorität ist Gegenstand einer anderweitigen Schadenexzedenten-Rückversicherung (siehe Anhang Nr. 3.1).
Rückversicherungshaftung:	Unbegrenzt, für die einzelne geschädigte Person jedoch nicht mehr als DEM 3.850.000 ($\cong$ DEM 5.500.000 Bruttoschaden).
Risikodefinition:	Jeder rechtlich selbständige Versicherungsvertrag.
Anteil des Rückversicherers:	50 %

Zu Art. 3

Haftungsgrundlage:	Schadenanfalljahrbasis
Wiederauffüllung:	Unbegrenzt
Jahreshöchsthaftung:	Unbegrenzt

Zu Art. 4

Rückversicherungsprämie:	0,45 % der gebuchten Selbstbehalts-Basisprämie
Voraus- und Mindestprämie:	DEM 46.000 zahlbar am 1.1. eines jeden Jahres
Wiederauffüllungsprämie:	Keine

Zu Art. 6

Schadensanzeige

– Alle Schadenereignisse, deren Aufwand (gezahlt und/oder reserviert) voraussichtlich 75 % der Priorität übersteigt.

– Alle Schadenereignisse mit Personenschäden, bei denen eine Querschnittlähmung oder ein Gehirntrauma vorliegt.

Zu Art. 9

Vertragsbeginn: 1. Januar 1998

Die beigefügten Klauseln sind integrierende Bestandteile dieses Vertrages:

– Anpassungsklausel (Anlage 1) mit der Maßgabe, daß Juli 1997 als Index-Stand 100 % im Sinne der Ziff. II 2 gilt.
– Vereinbarung zur Deponierung von Rentenrückstellungen (Anlage 2)

Berlin, den

Assekuranzia
Versicherungs-Aktiengesellschaft

Köln, den

Kölnische Rückversicherungs-
Gesellschaft AG

Anpassungsklausel

I. Für den Fall, daß sich die Wertverhältnisse verändern, die für die Regulierung der unter diesen Vertrag fallenden Schäden maßgebend sind, vereinbaren die Vertragspartner, die Schadensverteilung auf Erst- und Rückversicherer den geänderten Wertverhältnissen anzupassen. Da der Zedent die Prämie für das erste Risiko bis zur Priorität behält und dem Rückversicherer ein Entgelt nur für das zweite Risiko (den Schadenexzedenten) zusteht, werden Änderungen der für die Regulierung der Schäden maßgebenden Wertverhältnisse für die Priorität vom Erstversicherer, hinsichtlich der Schadenexzedentenleistungen vom Rückversicherer getragen. Die Aufteilung eines aufgrund der geänderten Wertverhältnisse erhöhten oder ermäßigten Schadenaufwandes ist deshalb im gleichen Verhältnis vorzunehmen, wie der Schaden ohne Eintritt der betreffenden Änderung zwischen den Vertragspartnern aufgeteilt worden wäre.

II. Dementsprechend wird für die Verteilung der Schadenaufwendungen auf Priorität und Schadenexzedent das folgende Verfahren angewendet:

1. Etwaige Änderungen der Wertverhältnisse bemessen sich

   a) nach dem Index der durchschnittlichen Bruttowochenverdienste der männlichen und weiblichen Arbeiter in der gesamten Industrie;

   b) nach dem Index der durchschnittlichen Bruttomonatsverdienste der Angestellten in Industrie, Handel, Geld- und Versicherungswesen;

   wobei jede prozentuale Veränderung dieser Indices, die in den Veröffentlichungen des Statistischen Bundesamtes für die Bundesrepublik Deutschland unter ,,Tatsächliche Arbeitsverdienste" bekanntgemacht werden, je mit der Hälfte bewertet wird.

2. Sobald sich der gemischte Index um 10 % oder mehr gegenüber dem mit 100 % anzusetzenden Stand des Monats Juli des letzten Jahres vor Inkrafttreten des Rückversicherungsvertrages geändert hat, werden die Schadenbeträge (auch Teilzahlungen sowie Schaden- und Rentenreserven) nach dem Juli-Index des Jahres, in dem die Zahlung oder Reservierung erfolgt, auf den Wert 100 % umgerechnet. Der sich hiernach ergebende Gesamtbetrag wird auf Priorität und Schadenexzedent verteilt. Der wirkliche Schadenbetrag wird sodann im gleichen Verhältnis auf Priorität und Schadenexzedent aufgeteilt.

3. Sind während der Laufzeit des Rückversicherungsvertrages durch gegenseitige Vereinbarung Priorität und/oder Entgelt neu festgesetzt worden, so kann für die nach Inkrafttreten dieser Neufestsetzung anfallenden Schäden der Juli-Index des letzten Jahres vor dem Beginn der Neuregelung im beiderseitigen Einvernehmen mit 100 % angesetzt werden.

III. Wenn durch Gerichtsurteile, Vergleiche oder andere Vorgänge nachgewiesen ist, daß bei der Festsetzung des Schadenbetrages Wertverhältnisse eines bestimmten Zeitpunktes vor der Zahlung zugrunde gelegt wurden, so wird der Schadenaufteilung nach Absatz II./Ziffer 2 der Juli-Index des entsprechenden Jahres zugrunde gelegt. So ist z.B. der Juli-Index des Jahres maßgebend, in dem sich der Schaden ereignete oder das Gerichtsurteil erlassen wurde, wenn das Gericht den Schadenbetrag aufgrund des Verdienstes des Geschädigten im Zeitpunkt des Schadenereignisses oder des Urteils festgesetzt hat.

IV. Weist der Zedent nach, daß ein bestimmter Schaden überhaupt nicht von einer Änderung der Wertverhältnisse beeinflußt wurde, so werden für diesen Schaden die Vereinbarungen nach Absatz I. – III. nicht angewendet.

Führt die Anwendung von Absatz II./Ziffer 2 für wesentliche Teile eines Schadens nachweislich zu unbilligen Ergebnissen, so werden sich die Vertragspartner über eine loyale Regelung verständigen.

Vereinbarung zur Deponierung von Rentenrückstellungen

Soweit der Rückversicherte für Rentenfälle eine nach dem genehmigten Geschäftsplan berechnete Deckungsrückstellung bildet, die nach den gesetzlichen Vorschriften auch für den in Rückversicherung gegebenen Teil zu stellen und dem Deckungsstock zuzuführen ist, beteiligt sich der Rückversicherer hieran insoweit, als Schaden- und Rentenzahlungen zuzüglich des Barwertes der Rentenreserve(n) die Priorität übersteigen.

Der Rückversicherer hat die Wahl, den auf ihn entfallenden Teil am Deckungsstock in bar oder in zur Bedeckung geeigneten Wertpapieren zu stellen. Ein Bardepot wird mit dem Satz verzinst, den der Rückversicherte auf die Werte des Deckungsstocks durchschnittlich erzielt, wobei der rechnungsmäßige Zins als Mindestsatz gilt. Bei einem Wertpapierdepot erhält der Rückversicherer den Originalzins.

Das Depot wird jährlich neu berechnet und mit der Abrechnung dem Rückversicherer aufgegeben.

Anhang Nr. 5.2 zum

RÜCKVERSICHERUNGSVERTRAG

zwischen

Assekuranzia
Versicherungs-Aktiengesellschaft, Berlin

und

Kölnische Rückversicherungs-Gesellschaft AG,
Köln

Leitungswasser/Sturm-Schadenexzedenten-Rückversicherung pro Ereignis
auf den Selbstbehalt unter der Quotenrückversicherung

Zu Art. 1

Versicherungszweige:	Leitungswasser-, Sturm-, Verbundene Gebäude- und Verbundene Hausrat-Versicherung
Ausschlüsse:	– Obligatorische Rückversicherungen – Schäden aus den Gefahren Feuer, Einbruchdiebstahl und Glasbruch

Zu Art. 2

Zeichnungsgebiet:	Deutschland
Selbstbehalt:	60 % aus maximal DEM 800.000 Versicherungssumme pro Risiko. Dieser Selbstbehalt ist Gegenstand der Schadenexzedenten-Deckung pro Risiko gemäß Anhang Nr. 5.1
Risikodefinition:	Jeder rechtlich selbständige Versicherungsvertrag. Bestehen für einen Versicherungsnehmer in einem Versicherungszweig mehrere rechtlich selbständige Versicherungsverträge für ein und dasselbe Versicherungsgrundstück, gelten diese als ein Risiko. Erstreckt sich ein rechtlich selbständiger Versicherungsvertrag auf mehrere Versicherungsgrundstücke, gilt jedes Versicherungsgrundstück als ein Risiko.
Priorität:	DEM 1.200.000 pro Ereignis
Rückversicherungshaftung:	DEM 4.800.000 pro Ereignis ($\cong$ DEM 8.000.000 Bruttoschaden).
Ereignisdefinition:	Gemäß Anlage 1.
Anteil des Rückversicherers:	50 %

Zu Art. 3

Haftungsgrundlage:	Schadenanfalljahrbasis
Wiederauffüllung:	Im Rahmen der Jahreshöchsthaftung
Jahreshöchsthaftung:	DEM 9.600.000

Zu Art. 4

Rückversicherungsprämie:	3,0 % der gebuchten Selbstbehalts-Basisprämie
Voraus- und Mindestprämie:	DEM 500.000 zahlbar am 1.1. eines jeden Jahres
Wiederauffüllungsprämie:	entfällt

Zu Art. 6

Schadenanzeigen:	Alle Schadenereignisse, deren Aufwand (gezahlt und/ oder reserviert) voraussichtlich die Priorität übersteigt.

Zu Art. 9

Vertragsbeginn:	1. Januar 1998

Berlin, den

Assekuranzia
Versicherungs-Aktiengesellschaft

Köln, den

Kölnische Rückversicherungs-
Gesellschaft AG

Ereignisdefinition für Leitungswasser-, Sturm- und Hagelschäden

Als ein Ereignis im Sinne dieses Vertrages gelten

a) alle Leitungswasserschäden, die durch ein und dieselbe Frostperiode während einer ununterbrochenen Periode von längstens 168 Stunden entstanden sind;

b) alle Sturm- und Hagelschäden, die aus ein und derselben atmosphärischen Störung während einer ununterbrochenen Periode von längstens 72 Stunden entstanden sind.

Der Rückversicherte kann den Zeitpunkt des Beginns der Stundenperioden wählen, der jedoch nicht vor Eintritt des ersten Schadens aus dem betreffenden Ereignis, für den er zu haften hat, liegen darf. Der gewählte Zeitpunkt gilt für alle Deckungsabschnitte innerhalb eines Schadenexzedenten-Programms. Zwei Stundenperioden aus ein und demselben Schadenereignis dürfen sich nicht überschneiden.

Können sich die Vertragsparteien nicht darüber einigen, was als ein Ereignis im meteorologischen Sinne zu betrachten ist, so wird ein Gutachten des Deutschen Wetterdienstes, Zentralamt, Offenbach/Main, eingeholt.

Stichwortverzeichnis

Weitere Literatur zum Thema „Versicherung" bei GABLER

Dr. jur. Hans Joachim Enge

Transportversicherung

Recht und Praxis in Deutschland und England

3., vollständig überarbeitete Auflage 1996, 378 Seiten, gebunden, DM 118,–.
ISBN 3-409-85845-8

Die 3. Auflage dieses bewährten Buches, von einem Praktiker mit über vierzigjähriger Erfahrung geschrieben, berücksichtigt die seit 1987 eingetretenen Änderungen im Bereich des deutschen und englischen Transportversicherungsrechts sowie der dazu ergangenen Rechtsprechung. Das gilt insbesondere für die Auswirkungen der Gruppenfreistellungsverordnung der EG-Kommission von 1992 auf die deutsche Transportversicherung, die York Antwerp Rules 1994, die Neuregelung der englischen Seekasko-Versicherungsbedingungen von 1995 sowie für die Entwicklung bei Lloyd's nach den Katastrophenjahren bis 1992.
Der grundlegende Aufbau, der das vielseitige Gebiet der Transportversicherung in seiner Gesamtheit darstellt, blieb erhalten: im Mittelpunkt stehen die Allgemeinen Deutschen Seeversicherungsbedingungen (ADS) und die sie ergänzenden DTV-Klauseln. Mit Rücksicht auf die Internationalität der Transportversicherung ist der Vergleich mit dem englischen Transportversicherungsrecht ein weiterer Schwerpunkt.

Dieter Lührs

Lebensversicherung

Produkte, Recht und Praxis

1997, 314 Seiten, gebunden, DM 118,–
ISBN 3-409-18548-8

Private Vorsorge wird nicht nur, doch in entscheidendem Maße durch Lebensversicherungen ermöglicht. Ob auf Kapital- oder Rentenbasis, konventionell oder fondsgebunden, speziell auf die Altersversorgung oder andere Versorgungsfälle konzentriert, für die Mehrzahl der Bürger ist und bleibt sie unverzichtbar. Denn nur wenige verfügen über ausreichende Mittel, um auch ohne die Sicherheit, die praktisch jede Lebensversicherung bietet, ihre Altersvorsorge auf mehr als nur eine Grundlage (z.B. Aktien) zu stellen. Durch Einschränkungen bei der steuerlichen Förderung der privaten Vorsorge sind die Bürger zunehmend verunsichert und suchen nach einer guten Basis, auf der sie gezielt und langfristig eine Versorgung planen können, die nicht nur von der Höhe und Rendite her angemessen ist, sondern auch der steigenden Lebenserwartung gerecht wird.
Der Autor hat hier die Lebensversicherung aus tarifkundlicher, rechtlicher, versicherungsmathematischer, steuerlicher und vor allem aus kundenorientierter Sicht in für jeden interessierten Leser verständlichen Form dargestellt. Ein wichtiges Standardwerk nicht nur für die Aus- und Weiterbildung, sondern auch für den Fachmann, der Spezialfragen zur Lebensversicherung nachschlagen kann.

GABLER

BETRIEBSWIRTSCHAFTLICHER VERLAG DR. TH. GABLER, ABRAHAM-LINCOLN-STR. 46, 65189 WIESBADEN